V&R

Für A.

Michael Zimmer

Tinnitus – Leiden als Chance

Vandenhoeck & Ruprecht

Bibliografische Information der Deutschen Nationalbibliothek

Die Deutsche Nationalbibliothek verzeichnet diese Publikation in der Deutschen Nationalbibliografie; detaillierte bibliografische Daten sind im Internet über http://dnb.d-nb.de abrufbar.

ISBN 978-3-525-40400-3

Satz: Daniela Weiland, Göttingen
Druck und Bindung: ⊕Hubert & Co, Göttingen

Gedruckt auf alterungsbeständigem Papier.

Inhalt

Der Mensch ist nicht, was er ist,
sondern das Selbst, das er sucht.

Octavio Paz

Sich selbst zu gehören, darin besteht die ganze Lebenskunst.

Iwan Turgenjew, aus: »Erste Liebe«

Da ist kein einziges dieser verschollenen Dinge,
das jetzt keinen langen Schatten wirft und nicht das bestimmt,
was du heute tust oder was du morgen tun wirst.

Jorge Luis Borges

Vorwort

Das Feld der Veröffentlichungen über das Phänomen des Tinnitus scheint gut bestellt. Was veranlasst den Autor dennoch, den Leser und vor allem den an Tinnitus Leidenden mit einem weiteren Buch zu behelligen? Die sicherlich eher seltenere Konstellation eines ehemalig Betroffenen *und* Behandlers des akustischen Symptoms in ein und derselben Person bot Anlass, meine leidvollen Erfahrungen als Patient mit den sich für mich daraus ergebenden Konsequenzen in Form eines modernen, eindeutigen und erfolgreichen Therapieprinzips darzulegen – kurzum, als vom Geräusch Gepeinigter gewann ich Erkenntnisse, die ich als Arzt an meine Patienten, die ebenfalls an der akustischen Qual leiden, weitergeben möchte.

Die komplizierte und zeitlich aufwendige Tinnitusberatung kann ich ambulant durchführen und in der Mehrzahl der Fälle den Patienten – als auch mir selbst – zufriedenstellende Lebensbedingungen ohne belastende Ohrengeräusche verschaffen.

Es wird also zu zeigen sein, in welchen Zwiespalt der Mensch geraten kann, dem der Königsweg noch unbekannt ist und der erst durch unbeirrbares Festhalten am beschriebenen therapeutischen Vorgehen einen glückhaften Ausweg aus dem Tinnitusdilemma findet.

Michael Zimmer

I Selbsthilfe durch Erkenntnis

In den Erzählungen aus »Tausendundeiner Nacht« muss Sindbad der Seefahrer auf seiner fünften Reise umständehalber zulassen, dass ein alter Mann sich ihm um Hals und Schultern klammert. Seine anfängliche Duldung wird nach Tagen zur unerträglichen Qual. Tag und Nacht, immer, überall begleitet ihn das menschgewordene Böse. Es bedarf offensichtlich keiner ausschweifenden Fantasie, sich vorzustellen, wie sehr Sindbad in seiner Identität, seiner Mobilität, seinem Lebensgefühl eingeschränkt war. Eine lange, sehr lange Zeit, scheinbar endlos, erträgt er dieses Joch, ein Gefangener seines geschundenen Leibes. Erst nach langem Zögern und Phasen der Hoffnungslosigkeit gelingt ihm mit dem Mut der Verzweiflung und mit Hilfe einer List, hier in Form des Rauschmittels Alkohol, den Quälgeist loszuwerden. Ohne den Entschluss, endlich zu handeln, wenn auch mit dem Mut der Verzweiflung, trüge er den alten Mann wohl heute noch auf seinen Schultern.

Menschen mit Tinnitus empfinden dieses Symptom oft wie Sindbad jenen alten Mann. Es sitzt ihnen statt im Nacken in den Ohren, im Kopf, tags und nachts, ein Martyrium allemal, und das besonders in Phasen der Ruhe und Entspannung. Obwohl allgemein bekannt sein dürfte, was der Begriff *Tinnitus* bedeutet, hier zunächst ein kurzer Überblick: Das Phänomen wird als eine subjektiv permanent empfundene Ton- oder Geräuschwahrnehmung beschrieben, das sowohl quantitativ als auch qualitativ individuell ausgeprägt ist und einen der Intensität entsprechenden Leidensdruck hervorruft; das heißt, je stärker beziehungsweise lauter das Geräusch wahrgenommen wird, umso quälender wird es empfunden. Der Leidensdruck ist objektiv nicht messbar und abhängig von Lebensbedingungen des Betroffenen und seiner Beziehung zur Umwelt, was im Einzelnen ausführlich beschrieben werden wird, ja Hauptgrund für die Darstellung der folgenden exemplarischen Autobiografie ist.

Das Ereignis

Inmitten einer, wie man so sagt, produktiven und erfolgreichen Lebensphase bemerkte ich, ein im besten Lebensalter stehender Arzt, nach Ende meiner anspannungsreichen, fachlich jedoch befriedigenden Sprechstunde – Helferinnen und Patienten hatten die Praxis verlassen, die ersehnte Ruhe umgab mich – ein tiefes Brummen im rechten Ohr. Nach wenigen Minuten und entsprechend auf das Geräusch gerichteter Aufmerksamkeit schien dieses Brummen stärker und störender zu werden. Eine Erklärung oder Deutung der Symptomatik wurde in diesem Moment von mir nicht erwogen. Wenige Tage zuvor hatte ich eine flüchtige, ebenfalls nicht als möglicherweise krankhaft zu deutende Empfindung auf demselben Ohr wahrgenommen. Im Nachhinein geradezu erstaunlich, dass ich als Hals-Nasen-Ohren-Arzt, zuständig für Leidende mit Innenohrstörungen wie Tinnitus und Hörminderungen verschiedener Ursachen, seit vielen Jahren erfahren in deren Diagnostik als auch in der gängigen Therapie, durchaus Rückschlüsse auf den Grund meiner eigenen Symptomatik hätte ziehen können, ja ziehen müssen, wenn ich denn bereits auf den Kenntnisstand hätte zurückgreifen können, den ich später durch die Überwindung des Geräuschphänomens erreichen sollte.

In dem Augenblick, in dem ich vom Tinnitus überfallen wurde wie Sindbad von dem alten Mann, so erinnerte ich mich später, überwältigte mich die Befürchtung, dass mich dieses Brummen mein Leben lang begleiten würde. Es zeigte sich bereits in diesem Stadium das Phänomen, dass eine noch unbestimmbare, allumfassende Angst umso stärker ausgeprägt war, je weniger die Ursache des Geräusches eingegrenzt werden konnte.

Nicht allein Angst, sogar Panik erfasste mich, eine umfassende Hilflosigkeit breitete sich in mir aus, eine Ratlosigkeit, die mir als Arzt sonst eher fremd war.

Trotz der durch das störende Geräusch aufgetretenen Irritation war ich in der Lage, unmittelbar bei mir selbst eine Hörprüfung durchzuführen mit dem Ergebnis, dass kein akuter Hörverlust, auch »Hörsturz« genannt, vorlag. Auch die bei Hals-Nasen-Ohren-Ärzten üblichen Stimmgabelprüfungen zeigten keine Seitendifferenz im Sinne eines Defizits des rechten Ohres. Blieb also das Brummen. Deprimiert verließ ich meine Praxis, verschwieg jedoch das Ereignis zu Hause und ging scheinbar unberührt darüber hinweg.

Erst Tage später besprach ich mein unverändert bestehendes Symptom, das mich nun bereits in eine depressive Grundstimmung versetzt hatte, mit meiner Frau und einem Freund, ebenfalls HNO-Arzt. Ich konnte mir keinen Reim auf meine Symptomatik machen, gleichsam »taub« für fachliche und sachliche Argumentationen, unbewusst im Widerstand gegen offensichtliche frühere Anzeichen, wie gelähmt meiner Hilflosigkeit gegenüber. Mein Freund und Kollege gab mir, verwundert und irritiert über meine augenscheinliche Verstörtheit und Planlosigkeit, gezielte Ratschläge hinsichtlich einer generellen Abklärung aller möglichen Ursachen. Von diesem Zeitpunkt an nahm alles seinen üblichen diagnostischen und therapeutischen Lauf.

Eine beispielhafte Aufzählung der verschiedenen Maßnahmen scheint notwendig, um zu zeigen, welche Irrwege damals bei mir – und leider häufig noch bis heute – beschritten wurden, um die Geräuschsymptomatik in den Griff zu bekommen. Dabei geht es nicht um ursachenbezogene Therapiemethoden, sondern solche, die mehr oder weniger nach den jeweiligen Vorstellungen der behandelnden Ärzte angewandt wurden. Dazu gehören in erster Linie durchblutungsfördernde Maßnahmen in Form von Tabletten und Infusionen, aber auch sedierende Medikamente sowie Druckkammeraufenthalte mit Sauerstoffüberdruck, um eine den Tinnitus vermeintlich auslösende Minderdurchblutung im Innenohr beseitigen zu helfen. Solche so genannten polypragmatischen therapeutischen Maßnahmen (s. u.) bleiben in der Regel ohne Einfluss auf die Intensität oder gar das Vorhandensein des Tinnitus selbst.

Es erscheint einleuchtend, dass derlei Therapieansätze nicht zum Erfolg führen, wenn einerseits eine organische Veränderung im Innenohr durch Hörprüfungen mit normalen Ergebnissen sowie modernste röntgenologische Diagnostik[1] ohne Hinweis auf entzündliche oder tumorartige, also krankhafte Veränderungen ausgeschlossen werden und andererseits möglicherweise relevante psychische Ursachen über viele Jahre nicht in Betracht gezogen wurden.

Nur allzu oft entwickelt sich ein Teufelskreis: Die diversen Therapiemethoden führen zu keiner Linderung der Symptomatik, die Unzufriedenheit des Patienten überträgt sich auf den Arzt, der wiederum greift, um den Betroffenen zu beruhigen, zu der nächsten Therapieoption und so weiter. Auch ich kam in die Mühle dieses Mechanismus.

Fortschreitende Beschwerden

Die Ausübung meines Berufes fiel mir von Tag zu Tag schwerer, musste ich doch während der Sprechstunde eine dem Patienten zugewandte Liebenswürdigkeit an den Tag legen, die meinem inneren Zustand entschieden zuwiderlief. Bereits kurze Zeit, nachdem ich mit meiner täglichen Arbeit begonnen hatte, die mir bis dahin fachlichen Erfolg, Anerkennung und materielle Unabhängigkeit beschert hatte, stieg eine quälende Aggression gegen meine Patienten in mir auf. Meine Aufmerksamkeit beim Zuhören erlahmte, ich achtete mehr und mehr auf mein Ohrgeräusch, ließ mich dadurch ablenken und wirkte unstet. Nichts wünschte ich mir sehnlicher als entweder allein zu sein oder zu flüchten, nötigenfalls direkt durch mein Sprechzimmerfenster, so meine Fantasie. Diese Vorstellungen beunruhigten mich

1 Kernspintomogramm, MRT (genaueste bildliche Darstellung des Körperinneren).

verständlicherweise zusätzlich zu dem in diesen Situationen als nahezu unerträglich empfundenen Tinnitus, der mich meist wie eine dumpfe Lärmtrommel umschloss.

Kam ich dann, psychisch und physisch erschöpft, nach Hause, kapselte ich mich dort mehr und mehr ab, sprach mit meiner Frau, Familienangehörigen und Freunden nur das Allernötigste, außerberufliche Interessen existierten nicht mehr. Zu Hause suchte ich den entlegensten Ort auf, fühlte mich eingeengt, gelähmt an Leib und Seele, nahezu unfähig, etwas, auch nur irgendetwas zu tun. Lediglich mein tägliches Laufen verschaffte mir kurzfristige Erleichterung, während dieser rhythmischen, dynamischen Aktivität »überhörte« ich gewissermaßen den Tinnitus, wünschte weiterzulaufen, immer weiter an einen Ort, wo der Himmel blau mit segelnden Wolken und das Tal weit war – unterbrochen vom Kommentar einer inneren Stimme: »Komm mir nicht mit deiner primitiven Vorstellung von Romantik – Flüchten oder Standhalten, das ist hier die Frage.«

Die tief im Inneren empfundene Anspannung wuchs, Panik und Angst verwoben sich zu einem Netz, das mich immer enger von Kopf bis Fuß umschloss, mir die Luft zum Atmen zu nehmen schien. Die wachsende Befürchtung, der Tinnitus könnte an Intensität zunehmen, ein Tumor oder eine vergleichbare unheilbare Hirnerkrankung als eigentliche Ursache eben doch infrage kommen, wurde zur fixen Idee. Erstmalig quälten mich Selbstmordgedanken, Überlegungen, all dem ein Ende zu setzen, von der unheilvollen Verquickung rätselhafter Umstände erlöst zu werden – diese Gedanken kamen im Laufe der Zeit nahezu in wöchentlichen Abständen.

Ich reflektierte, grübelte, registrierte, resümierte: Meine kranke Seele sehnt sich nach Ruhe und Wärme. Ein starkes Herz ist in der Lage, die Schäden der Vergangenheit zu bannen, den Druck zu nehmen, der meine Sinne verdunkelt. Auch diese Einsicht vermag mir nicht zu helfen. Wer also hilft mir? Ich bin schwach, verwundbar wie nie zuvor, die scheinbare äußere Ruhe trügt, sie kommt mir vor wie ein Moor, das denjenigen umso eher verschlingt, der sich bis zum Äußersten bemüht, von ihm loszukommen. Kann man klar das Ende erkennen? Es gibt Sackgassen ohne Wendemöglichkeit, habe ich diesen Ort erreicht? Warum nur ist es so schwierig, konsequent zu sein? Bleibt bei fehlender Initiative nur Resignation? Und welche Konsequenzen ergäben sich daraus?

Alle Fragezeichen deuten auf mich. Viele Menschen können über manches Schwere lachen, relativieren vieles. Ich kenne mich damit offenbar nicht aus, ich kann nicht mitlachen. Und dennoch möchte ich lachen, nicht über andere, sondern über mich, über gemeinsamen Unsinn. Ich möchte ernst und distanziert sein, so sehr objektiv, dass ich über mich selbst lächeln könnte, weil ich dann meine eigene Unzulänglichkeit aushielte und mit Selbstbewusstsein vertreten könnte. Ich möchte Mensch sein, so ursprünglich, wie es eben geht. Ich möchte Kritik hören, die begleitet wird von einem Lächeln in den Augenwinkeln, sie kommt zwar an, tut aber nicht mehr weh. Wie kann es möglich sein, dem Anderen zu zeigen, dass man ihn, nicht nur sich selbst liebt?

Bleibe ich dabei, das Leben zu lieben? Ich möchte zu gern ein Ergebnis sehen, das mich gelassen weiterleben lässt; ich ahne, das ins Auge Gefasste wäre mehr Flucht als Lösung. Und dennoch – trotz aller inneren Einsichten, angedeuteter Möglichkeiten: Die Lebenssinnfrage kann ich zu der Zeit nicht annähernd in irgendeiner für mich positiven Form beantworten, ich wurde mehr und mehr reizbar, urteilte ungerecht, sowohl im beruflichen als auch im privaten Bereich, obwohl mir meine unangemessenen Reaktionen mitunter später bewusst wurden.

Bestimmte Träume wiederholten sich als Albträume: Da nähern sich mir von verschiedenen Seiten zwei Mühlsteine, die sich stetig auf mich zu bewegen. Ein andermal sehe ich mich eine Straße oder einen Weg entlanggehen, zunehmend steiler ansteigend, mit schwarzem Schotter belegt, je steiler, umso schmaler, die Umgebung unwirtlich, kahle Hügel und Täler, das Licht fahl wie ein Novembermorgen. Himmel und Erde gehen allmählich ineinander über, entfernen sich aber gleichzeitig von mir. Ich sehe mein Ziel immer mehr entschwinden. Die Landschaft selbst scheint in ihrer Struktur der meines Wohnortes zu ähneln, meiner näheren und weiteren Umgebung, in der ich mich offensichtlich auszukennen scheine, und ist doch gleichzeitig unendlich fremd, ein Widerspruch, der nur dem Traum erlaubt ist. Keine Freude, nirgendwo.

Dieses Leben führe ich nahezu zwei Jahre lang. Meine Frau, meine Freunde tolerieren diesen Zustand, ebenso wie ich ihn selbst hilflos hinnehme. Eine durch einen Freund und Kollegen vermittelte Praxisassistentin schien mich ein wenig zu entlasten, Hoffnung auf Heilung schöpfte ich dabei nicht, die lähmende Panik verstärkte sich mit der Zeit noch, da die eigentliche Ursache für die Symptomatik immer noch nicht erkannt war, weder von meinen Kollegen noch von mir selbst. Wenn ich auch in der Praxis jetzt ein wenig ausgeglichener wirkte, war dies möglicherweise dem Umstand geschuldet, mich als Ausbilder der Kollegin souverän und vorbildhaft präsentieren zu müssen. Mein innerer Zustand jedoch straft das äußere Erscheinungsbild Lügen: Unordnung, Dunkel, Depression. Ich empfinde mich wie ein krankes Tier, das umherirrt und weder Ort noch Möglichkeit findet, seine Wunden zu lecken. Auch denen, die bislang meine stereotypen Klagen geduldig und tröstend angehört hatten, vertraue ich mich allmählich immer weniger an.

Die Ambivalenz meiner Persönlichkeitsveränderungen wird mir immer dann bewusst, wenn die Lebenssituation sich zeitweilig entspannt, aber auch wenn die Krise ausweglos erscheint, ich in selbstmörderischer Absicht buchstäblich vor Abgründen stehe. Die Frage, wer ich bin, wer ich war, stellt sich mir in solchen Momenten besonders eindringlich und unausweichlich. Mir wird klar, solange ich die Vergangenheit als »wehmütig« und »golden« verklärte, würde ich keine befriedigende Klärung meiner gegenwärtigen Lage erlangen können.

II Ein exemplarischer Lebenslauf

Es ist also an der Zeit. Die Befürchtung, die Chronologie der Ereignisse könnte mir abhandenkommen, legt nahe, das Wesentliche zusammenzufassen. »Die Vergangenheit ist nicht tot, sie ist nicht einmal vergangen.« Der erste Satz aus Christa Wolfs Roman »Kindheitsmuster«[2] scheint mir besonders bedeutsam für diejenigen, die an der Entstehung ihres Tinnitusleidens und dessen Bewältigung ein vitales Interesse zeigen.

Meine Geburt 1944 in einer vom Krieg bis dahin schwer heimgesuchten Stadt, bedeutete für Eltern, Großeltern und Angehörige sicher einen Hoffnungsschimmer inmitten des Grauens, des allgegenwärtigen Todes und der Verzweiflung. Sie, die allein gelassen worden waren von ihren falschen Göttern, betrogen um Jahre der Jugend, für sie verhieß die Geburt eines Kindes Aufbruch zu neuen Ufern.

Die ersten Bilder vor dem geistigen Auge waren sicher beeinflusst durch die Erzählungen der Eltern und Großeltern über genau diese Ereignisse, an die man sich nur scheinbar erinnerte. Existierten nicht dennoch bildhafte Erinnerungsbruchstücke, die, bis heute als authentisch empfunden werden? Da gab es den grünen Rasen, einen weißen Ball, den das Kind aufhebt, einen Schatten über ihm, den amerikanischen Soldaten mit dem Baseball, den er dem Kind später schenken wird, wenn er sich auch von der jungen Mutter zur damaligen Zeit nur allzu Übliches als Gegenleistung erhofft hatte. Ich erinnere die Gier nach Süßem und wie ich alles unternehme, um diesen Hunger zu stillen. Zum ersten Mal tauchen Begriffe wie Verbot und Strafe auf.

2 Wiederum zitiert aus William Faulkners Roman »Pylon« von 1935.

Dann Weihnachten 1947: Ein vom Großvater eigenhändig geschmiedetes Dreirad mit einem von der Großmutter genähten Sitz aus gelbbraunem, gestreiftem Kunstpelz, der von irgendeinem Auftrag, den sie als Schneiderin bekommen hatte, übriggeblieben war. Die unbändige Freude über dieses erste Gefährt: Händeklatschen und der Ausruf »Meine Güte, Dreirädchen!«, Vorlieben, Abneigungen – kann man diese Gefühle aus der frühen Kindheit erinnern, von den Berichten der Dabeigewesenen unterscheiden? Warum beeindruckt mich auch heute noch das düstere Backsteingebäude mit seinem asphaltierten Schulhof, der von massigen Wohnhäusern gänzlich umgeben war, erinnere ich Dunkelheit das ganze Jahr über, obwohl ich nicht nur in den Wintermonaten zur Schule ging, der Erstklässler, der von der Schule eher eine unklare Vorstellung hatte, die aber wohl auch mit Blumen, Rasen und Helligkeit verbunden war? Von wem hatte ich diese Vorstellungen? Der Geruch und Geschmack der Erbsensuppe, als Schulspeisung eine Spende amerikanischer Quäker – habe ich die Suppe nicht auch wie einige Schulkameraden über die Pausengänge oder an die Wände geschleudert? War es ein Ausdruck von Wut, der die Kinder diese sinnlosen Handlungen ausführen ließ? Und woher kam diese Wut?

Samstagmittags, unmittelbar nach Schulende, nahm ich den Weg mit einem Pumproller von der Wohnung meiner Eltern quer durch die Stadt hin zu meinen Großeltern, so schnell wie möglich. Ich tat sowohl Mutter und Vater als auch mir den größten Gefallen, »Sorgen« hatte das Kind ja keine, Kinder leben in der Gegenwart. Keine Straße zu steil, zu weit oder über die Jahre hin zu gleichförmig, brachte mich doch dieser Weg in die Welt der Menschen, die mich vorbehaltlos liebten, auch meine von den Eltern als Schattenseiten bezeichneten, ihnen offenbar missliebigen Eigenschaften. Die waren den Großeltern zwar bekannt, aber nicht Hebel für strafendes oder ablehnendes Verhalten.

Wenige Meter vor der Wohnung im zweiten Stock eines alten Mietshauses in einem Armeleuteviertel, ein Kiosk, eine »Bude« nannte man das damals, an der ich kandierte Zuckerplätzchen kaufte, ein Pfennig das Stück, Mundvorrat für die Lesestunden mit Büchern, deren braungraue Seiten aus schlechtem Papier durch die häufige Ausleihe abgegriffen waren. Hauptsache lesen, der Welt entrückt, dazwischen Rouladen mit selbst gemachten Kartoffelklößen, stereotypes Sonntagsessen, weil von mir bevorzugt, Kriminalhörspiele und Familie Hesselbach im Radio samstagabends. Rommé spielten meine Großeltern mit einer Nachbarin und Freundin, ich saß etwas abseits – und las.

Keine Frage, hier wird eine Kinderidylle beschrieben. Geschönte Erinnerungen? Eher nicht, eher beglückendes, absolutes Refugium für die Kinderseele. Die Toilette auf halber Treppe, gemeinsam mit den Etagenbewohnern zu benutzen, unbeheizt – auf weniger als einem Quadratmeter erschaffte ich mir meine eigene Welt. Dort hielt ich Reden, versammelte Menschen um mich, die an meinen Lippen hingen, war Wissenschaftler, Politiker, Schauspieler, Entdecker, Weltenbummler, war unabhängig, entbehrte nichts, war frei. Kein Unbehagen also in den ersten Jahren nach dem Krieg? Frieden und Gesundheit wünschte ich mir für alle Menschen. War da nicht ein Reisebericht Alexander von Humboldts, auch Biografien all der herausragenden, geschichtlich bedeutenden Persönlichkeiten, die ich gerne hatte sein wollen? Großes vollbringen, ein Wohltäter der Menschheit wollte ich sein oder werden – unbedingt.

Dennoch gab es auch eine merkwürdige, damals nicht erklärbare Unzufriedenheit. Es fällt mir schwer, dies zuzugeben, aber aus den Unterhaltungen der Verwandten, Eltern und selbst der Großeltern konnte ich nichts für mich Wesentliches entnehmen, reagierte unbemerkt verstört, etwas Fremdes, Abstoßendes, mir nicht Zugehöriges lastete wie Mehltau auf mir, es sträubte sich in mir, wie ein Außenseiter am Tisch zu sitzen. Wohl zum ersten Mal erlebte ich, unbewusst, das Gefühl der Ambivalenz. Die anderen sprachen zwar deutsch, aber es war dennoch eine Sprache, die ich nicht verstand. Abend für Abend um den Tisch herum die Eltern, Großeltern, Freunden, die »schwadronierten«, sich und ihre Vergangenheit märchenhaft verklärten, die die schonungslose Verarbeitung der Kriegserlebnisse vermieden, die Realität verdrängten – wie ich heute weiß ein typisches Verhalten für die frühe Nachkriegszeit.

Über Jahre wusste ich nicht, dass Juden »Juden« heißen und nicht »Jitten«. Gleichermaßen unbekannt blieb für mich die Möglichkeit der Projektion von Schuldgefühlen, gerade auf Angehörige des Volkes, das mit der mehr oder weniger bewussten Billigung der Menschen, die ich liebte, die mir Vorbild waren, nahezu ausgelöscht wurde. Konnte ich im Alter von sechs, sieben oder acht Jahren ein Unrechtsbewusstsein entwickeln? In Denkansätzen ja, für Konsequenzen war es noch zu früh. Als mir die Einseitigkeit der Informationen und Meinungen der Eltern und Großeltern bewusst wurde, als ich Zusammenhänge begriff, aufgrund eigener Überlegungen selbst analysieren konnte, erschütterte mich dies umso mehr. Den Spagat zwischen Zuneigung, Kinderliebe und dem, was offensichtlich historische Realität war, konnte ich seelisch nicht leisten. »Du siehst wieder so traurig, missmutig, pessimistisch in die Welt« – wen wundert's. So hatte ich mich entwickelt, so dachte und handelte ich, so empfand ich. Diese Überzeugung auch vor mir zu vertreten, das Los des Andersdenkenden anzunehmen, auch gegenüber den anderen mutig und argumentativ zu vertreten, war mir noch nicht möglich. Zu sehr empfand ich den unmittelbaren Druck, die angsteinflößende Präsenz des Vaters, der mir eine eigene Meinung nicht zugestehen wollte. Genau diese Erkenntnis schien mir eine der Konstanten meines Daseins zu sein, so das Ergebnis meiner Erinnerungsarbeit. Ich tröstete mich mit der Feststellung, dass Anspruch und Wirklichkeit in der Kindheit noch auseinanderklaffen dürfen, verzieh mir im Sog eigener Niederlagen und verpasster Gelegenheiten meine fehlende Standhaftigkeit mit dem Hinweis auf meine unfertige Persönlichkeit.

Meinen Eltern galt ich als störrisches, widerspruchsvolles, wildes und eigenbrötlerisches Kind. »Für dich wird eine Extrawurst gebraten«, hieß es oft. Aber wie es in mir drinnen aussah, interessierte sie offenbar nicht. Eine im goetheschen Sinne tragische Situation der Unausweichbarkeit von Gegensätzen entwickelte sich. Sicherlich war dem Kind, dem »rebellischen«

Jungen nicht bewusst, wie sehr diese Konstellation meine Persönlichkeitsentwicklung beeinflussen und belasten sollte. Das Gefühl einer mir nicht gerecht werdenden Behandlung durch meine Eltern, auch motiviert durch mangelndes Interesse an dem, was mich im Innersten bewegte – meine Äußerungen über mein Seelenleben taten sie als unwichtig und unreif ab –, kurz, diese Empfindungen und Erfahrungen führten allmählich zu einer Distanzierung von allem, was mit Mutter und Vater zu tun hatte, ich ging gewissermaßen in die innere Emigration.

Äußerlich ein häufig zwangsangepasstes Kind und Jugendlicher, entwickelte ich ein Bedürfnis nach Bestätigung insbesondere durch den Vater. Der jedoch hielt, aus welchen Gründen auch immer, wenig Lob für seinen Sohn bereit, andeutungsweise schien diese Vorgehensweise ein ihm innewohnendes Erziehungsprinzip zu sein. Ich aber kompensierte die scheinbar unüberwindbare Kommunikationsschranke durch eben jene mir eigenen Haltungen und Handlungen, die wiederum Zorn und Unmut der Eltern provozierten – und so schloss sich der Teufelskreis.

So litt ich also häufig und offensichtlich, fühlte mich verkannt. Dabei musste doch jeder, so meine Vorstellung, erkennen, dass ich allen nur Gutes tun und für jeden nur das Beste wollte. Keine Frage, es gibt Einwände gegen solches Denken und Handeln von Kindern und Jugendlichen, verbale Argumente aber gegen das einmal gefällte Urteil meiner Eltern in den immer seltener geführten Auseinandersetzungen mit mir wurden nicht zuletzt mit Brachialgewalt unterdrückt. Wie und wann war ich das Kind, das ich gewesen!? Wie viel Projektion eigener Unzulänglichkeit, fehlender Vergangenheitsbewältigung und in die Zukunft gerichteter Wünsche für das Kind schwingen mit, haben Bedeutung für die Eltern und für ihre erzieherischen Absichten? Und wie erträgt das Kind diese Projektionen, von der eigentlichen Intention des Vorgangs nichts ahnend und so auch für das Kind nicht nachvollziehbar? Ist aufgrund dieser offensichtlichen Unzulänglichkeit den Älteren ein pädagogisch begründeter Vorwurf zu machen? Oder, anders gesagt, wie vermag man und wer, durch die Möglichkeit einer Analyse der für das Kind oft verzweifelten Situation eine Lösung des Problems zu erreichen? Immer vorausgesetzt, es besteht eine Bereitschaft des Erwachsenen zu kooperieren und die Verantwortung für notwendige Belehrungen zu übernehmen. Genau diese Verantwortung, so mutmaßte ich, schien mir bei meinen Eltern zu fehlen, in erster Linie aus Bequemlichkeit, möglicherweise auch aus Unwissenheit, Unerfahrenheit – Attribute, die aus meiner Sicht nicht, wie später argumentativ vorgebracht, eine Entlastung für die Eltern darstellen konnten.

Derjenige, der frei von Schuld ist, werfe den ersten Stein. Gilt das auch für das Kind, das seine Eltern anklagt? Sollte das Kind nicht später in eigener Vater- oder Mutterfunktion Erziehung so zu gestalten versuchen, dass das Konfliktpotenzial mit seinen oder ihren Kindern möglichst klein gehalten wird? Begriffe wie Verzeihen, Großmut und Nachgiebigkeit waren mir damals in ihrer Bedeutung unbekannt, zumindest konnte ich noch nicht zwischen destruktivem und produktivem Egoismus unterscheiden.

Fahrten in den Sommermonaten auf den Dörnberg, Ziel vieler Ausflügler unserer Stadt, gaben meiner Sehnsucht nach dem Wilden Westen Nahrung, identifizierte ich doch diese Gegend mit den Weiten Amerikas, sicher auch stellvertretend für den Drang nach draußen, heraus aus der mich bedrückenden familiären Enge, und dies nicht nur im räumlichen Sinn: baumlose, mit kargem Moos, schütterem Gras und Krüppelkiefern bewachsene Höhenzüge dehnten sich aus wie eine Prärie, zumindest wie ich sie mir nach den Schilderungen aus der einschlägigen Literatur, die ich las, vorstellte. Der Wilde Westen, eine Metapher für meine unbewussten Wünsche. Nicht nur Bücher, auch Filme gehörten zum Repertoire der Abgrenzungsmöglichkeiten vom mich einengenden Leben in der Wirklichkeit. Sehnsucht nach der scheinbar grenzenlosen Weite, das Verlangen nach dem unendlich fernen Horizont mochte mich überkommen, und dies dann in Western, die ich samt und sonders liebte, auch wenn ich sie zum wiederholten Male sah, verbildlichten sie doch am ehesten meine Vorstellungen vom Paradies in der Ferne. Dabei war mir, wie ich erst heute weiß, besonders die

Landschaft wichtig, die unerreichte Ebene, die fernen blauen Berge, die verschwimmende Linie zwischen Land und Himmel. Der Klang des Hufschlags, die Haltung des Reiters auf dem Pferd, wenn er sich nach etwas oder jemandem umdrehte, die eine Hand am Zügel, die andere lässig auf dem Oberschenkel abgelegt, das knarrende Sattelzeug, der Klang der Hufe. Und auch der Colt im Halfter.

Wenig später sehe ich mich auf einem Tisch stehen und werde, gänzlich nackt, mit einer brennenden Flüssigkeit eingerieben: Ich habe das Wort Krätze im Ohr, der Begriff der Demütigung entsteht. Meine Tante schenkte mir hin und wieder Schokoladenriegel, eingepackt in rotbraunem Papier mit einer Silberaufschrift. Sofern diese eher seltenen Kostbarkeiten nicht zur Verfügung standen, wusste ich mir zu helfen, vermengte Milchpulver mit Wasser und Zucker zu einem gelblichen Brei und mein Glück war vollkommen. Manchmal frage ich mich, ob mein schier ungebremster Drang nach Süßigkeiten doch etwas mit dem schmerzlich empfundenen Liebesverlust in der frühen Kindheit zu tun hat? Zu Weihnachten und Geburtstagen wünschte ich mir lediglich zwei Dinge: Bücher und Marzipan. An diesem Beispiel mögen sich fester Wille, aber auch der Hang zu geringer Flexibilität ablesen lassen – aber dies dem Kind als beispielhaft für seinen unerwünschten Starr- und Eigensinn aufzuzeigen?

Später, in der Zeit zwischen Kindheit und Jugend, war der Besitz eines Fahrrades der Traum meines Lebens, erst zur Konfirmation erfüllte sich mir dieser Wunsch. Wiederum scheint in diesem Zusammenhang die Sehnsucht nach Distanz auf, ich erinnere, das Rad trägt mich fort, weit weg. So aber, Jahre zuvor, erwarb ich mir das Recht, mit einem Vehikel fahren zu können auf einem alten Damenrad, halbstundenweise, zum Preis von 25 Pfennig, ein »Geschäft«, das ein Junge aus der Gegend betrieb, in der mein anderer Großvater seine Kanzlei hatte. Dort spielte ich auch Fußball, was mir ebenso wie das heimliche Radfahren seitens der Mutter und des Großvaters strikt verboten wurde.

Den früh verwitweten Großvater besuchten wir zweimal wöchentlich, wenn meine Mutter ihrem Vater den Haushalt besorgte. Aus Äußerungen und Gesprächen glaubte ich heraushören zu können, dass die Familie meiner Mutter aus einer anderen gesellschaftlichen Schicht kam, der Beruf meines Großvaters, sein Auftreten, seine Sprache und seine Wohnungseinrichtung unterschieden sich beträchtlich von meinen für mich damals einzigartigen Großeltern väterlicherseits. Sehr früh assoziierte ich mit höherer gesellschaftlicher Stellung eine fehlende oder nur gering ausgeprägte Herzensbildung, einem oft gebrauchten Begriff meiner Großmutter, eine von mir als authentisch empfundene Zärtlichkeit in guten wie in schlechten Zeiten einschließend. Gewiss hält diese Einstellung einer soziologischen Prüfung nicht stand, aber ich habe sie bis heute »instinktiv« bewahrt. Mag sein, dass das auch bedeutet, auf einmal gefassten Urteilen, möglicherweise auch Vorurteilen, zu beharren.

Die Zeit, die ich bei meinen »eigentlichen« Großeltern verbringen durfte, bedeutete vor allem, in einem angstfreien Raum leben zu können, einer geschützten Region, in der ich mich nach meinen Bedürfnissen bewegen konnte, das zu tun und zu lassen, was sonst oft strikt untersagt wurde, zum Beispiel Fußball zu spielen, für mich das unumstößlich wichtigste Kindheitsvergnügungen. Damals besaß ich einen ausrangierten Fußball, den mir mein Vater, ein über die Grenzen seiner Heimatstadt bekannter Torhüter, geschenkt hatte. Umso unverständlicher war für mich, dass er mir das geliebte Spiel wenige Jahre später in meiner Freizeit kategorisch verbot. Im Besitz des Balls sah ich mich im Vorschulalter als ein notwendiges Anhängsel im Straßenfußballkampf der Großen und Älteren, zunächst nur akzeptiert als Eigentümer des unabdingbaren Spielgeräts, bald darauf dann auch vom spielerischen Können her integriert.

Kindheitsgerüche: frisch gesägtes Holz, eine warme Backstube, der Plätzchenduft vor Weihnachten, die Luft des beginnenden Frühlings. Wann jauchzte mein Herz? Ein sehr früher Sommermorgen in Donaueschingen, als ich neunjährig dort eine Kur wegen angeblicher Herzschwäche in einem Kinderheim verbrachte: Die Welt erschien mir wie neu geboren, frisch gewaschen, kühl und herzerwärmend zugleich, voller Tautropfen und Vogelgezwitscher, ich sah und hörte zu, wie trunken vom jungen Leben, Freiheit vom Alltag. Allein zwar, aber frei, nicht ständig der mehr oder weniger berechtigten Kritik an meiner Person ausgesetzt. Gesungen wurde »Im Frühtau zu Berge« während dieses Spaziergangs vor dem Frühstück. Das Lied klang in mir immer dann auf, wenn kindliche Freude mein Herz weit machte. Auch damals schon war die Sehnsucht nach Harmonie mit den Menschen, die ich liebte, in mir allgegenwärtig, zuweilen übermächtig. Immerhin, ich war auch gutgläubig, wenig raffiniert, nicht hinterrücks, gerade heraus, undiplomatisch – die andere Seite der Medaille der Widerborstigkeit und des Eigensinns? Werden solche Charaktereigenschaften konserviert?

Meine Zuneigung, ja Liebe zur waldreichen Umgebung meiner Heimatstadt verdanke ich den Eindrücken auf den Wanderungen mit den Großeltern, deren typisch deutschen Mentalitätsklischees ich freudig zustimmte. Und dennoch: tiefer Frieden, Sonnenlöcher in den Laubbäumen, wärmende Wegränder, vom Großvater geschnitzte Haselnussgerten, Kaffeewirtschaften mit Holzstühlen und Zitronenbrause, mitgeführte belegte Brote und hier und da auch Wippen und Schaukeln als begehrte Attraktionen der Waldgaststätten. Spießbürgeridylle, gewiss, aber authentische Heimat für mich, so die Erinnerung über Jahre. Man könnte fragen, ob das offensichtliche Missverhältnis zwischen meiner inneren Erlebniswelt und dem mir durch die Erziehung meiner Eltern aufgedrückten Stempel der äußeren Verhaltensweisen maßgeblich war für die Herausbildung der später verfestigten Persönlichkeitsmerkmale, umweltbedingte Einflüsse also stärker prägen würden als genetische Eigenschaften.

Als Junge schien ich widerspenstig, auch unbeugsam, nach meiner eigenen Einschätzung aber fühlte ich mich frei, war empfindlich gegen Ungerechtigkeiten, wehrte mich gegen argumentativ unzureichende Anordnungen, was mir als »ungezogen« ausgelegt wurde. Und dann sprach man von mir als »schwierigem« Kind. Mein Freiheitswille begleitet mich, sowohl real als auch bildlich. Das Gefühl jedoch, dass man meinen Willen meist autoritär brechen will, habe ich oft. Mein Leben scheint von Ge- und Verboten geprägt zu sein, väterliche Maßnahmen, die mein offenbar grenzenloses, wildes Verhalten einschränken sollen, will und kann ich nicht verinnerlichen. Ich wehre mich zunächst ganz offen, ziehe mich dann aber in meine Fantasiewelt zurück, werde zum Helden meines Lieblingsbuches »Robinson Crusoe«. Darüber hinaus werde ich zum Entdecker, bedeutenden Sportler oder Politiker, halte Reden und Vorträge, gewinne Preise und – werde berühmt. Dass ich mit diesen inneren Monologen meine äußere Situation kompensiere, ist mir als Kind nicht bewusst. Nach außen hin, in der Interaktion, die Vorstellung zu haben, jemand Bedeutendes zu sein, etwas darzustellen, mehr zu scheinen als zu sein, werde ich in mehr oder weniger ausgeprägter Form bis heute behalten. Das jedenfalls entspricht meiner Überzeugung, wenn ich bisweilen innehalte, mir immer wieder vornehme – wie in einem letzten Appell an mich selbst –, einen Schlussstrich zu ziehen unter mein bisheriges Leben, das, erst im Nachhinein kommt die Erkenntnis, nicht identisch ist mit meinem eigentlichen Ich. Dieser Junge empfindet einerseits, ein Zwangsmitglied seiner Familie zu sein, sich dort angebunden, andererseits aber nicht eingebunden zu fühlen und seinen inneren Drang nach Losgelöstsein, Durchsetzung des eigenen Willens und eigener Vorstellung nicht ausleben zu können.

Diese Ambivalenz der Gefühle durchlebe ich nur scheinbar ohne äußerlich erkennbare Schäden. Tief in mir wächst ein Ohnmachtsgefühl, das ich, mit mir allein, zuweilen kaum aushalten kann. In der Folge dieses Zerrissenseins arrangiere ich mich nach außen hin und entwickele mich zum Meister der Verstellung, mit minimaler familiärer Interaktion, stelle das, was ich leiste – von den Eltern ungelenkt, wenig gefördert –, verbal stets bedeutender dar, als es ist.

Wäre da nicht meine Großmutter gewesen, die mich uneigennützig liebt, auch gewähren lässt, mir dennoch mit sanfter Hand und liebevoller Autorität soziales Verständnis und Empathie vermittelt. Anderenfalls, so mutmaße ich, hätte ich durchaus auf eine abschüssige, destruktive Bahn geraten können. Sie hält zu mir, ebenso wie der Großvater, hier kann ich mich mit offenem Visier zeigen, befürchte nicht, bloßgestellt zu werden mit meinen zur Schau gestellten Allmachtsfantasien und meiner Großmannssucht, so das Vokabular meiner Eltern.

Was bleibt von den vielen Jahren der Schulzeit? Eine mehr oder weniger bewusst gewordene unterschwellige Aggressivität gegen das kritiklos vorgetragene Autoritätsgehabe der Lehrer, möglicherweise ein Kompensationsverhalten für nicht verarbeitete Schuldgefühle aus dem Dritten Reich, deren in meinen Augen offensichtliche Unfähigkeit, Schüler zu motivieren, anzuspornen, auch durch Überzeugung zu bändigen. Erst gegen Ende der Gymnasialzeit, genauer in den Jahren der Oberstufe, vollbrachte mein Englischlehrer das, was ich mir die gesamte Zeit über gewünscht hatte: Disziplinierung durch Überzeugung, durch fachliche Autorität, Anhalten zur echten Arbeit an der Materie, ohne Widerspruch, keine meiner spielerischen, taktiererischen Manöver konnten diesen Lehrer davon abhalten, mich, nach außen hin völlig emotionslos, aber mit innerem Feuer, dazu zu bewegen, meine wahre Leistungsfähigkeit zu erbringen. Bei ihm erspürte ich eine Ebene hinter dem Stoff, übergreifende Gedanken, die Sprache vermittelte nicht nur Vokabeln, sondern den Geist, die Mentalität, die Literatur, Soziologie und Philosophie Englands. Damals etablierte sich der Begriff »liberal« sowohl in Kopf und Herz, ich erinnere, wie sehr ich mir das besonders auch vom Deutschunterricht erhofft hatte. Ganz offensichtlich, mein Englischlehrer entsprach dem Vorbild und dem Ideal meiner Vorstellung von der Erziehung junger Menschen.

In der siebten Klasse hatte ich ein Erfolgserlebnis als Hauptdarsteller in einer Bühnenadaption der Erzählung »Der alte Mann und das Meer« von Ernest Hemingway. Die Träume, Schauspieler werden zu wollen, verflogen schnell – oder lag es an meiner Unfähigkeit, Dinge zu Ende bringen zu können, weil ich den oft mühevollen Weg bis zum Abschluss scheute? Bedeutet möglicherweise, Schauspieler werden zu wollen, eine Flucht vor der Realität? Lieber Schein als Sein?

Selbsterkenntnis des Zauderns vor Erreichen des Ziels war mir immer zuwider, bequem in Denken und Handeln zu sein, hatte mir dann folgerichtig oft genug Depressionen eingebracht. Kindern sollte der positive Aspekt des Durchhaltevermögens vermittelt werden, der Stolz auf das stete Bemühen allein, unabhängig vom beabsichtigten oder tatsächlichen Erfolg. Die Übernahme von Pflichten habe ich oft, zu oft, abgelehnt. Warum hat mich niemand ernsthaft überzeugen können, dass mir dann trotz der damit verbundenen Mühen später vieles leichter gefallen wäre? Ich agierte häufig zu schnell, ja vorschnell, erst später hat sich diese Eigenschaft mit den altersbedingten Routineerfahrungen des Alltags- und Berufslebens vermischt und wurde auch aufgrund einer realistischeren Selbsteinschätzung in ihrer negativen Wirkung abgefedert.

Es fällt mir mehr und mehr auf, dass ich mit jedem Tag, an dem ich diese Aufzeichnungen fortsetze, das Schöne, Helle und Lichte in meinem Leben mehr erinnern möchte als die dunklen Stunden und Dinge, die ich ablehne und hasse. Ein positiver Prozess?

Erst der mich nur scheinbar wie ein Blitz aus heiterem Himmel treffende Tinnitus entfaltete eine katalysatorische Wirkung in diese Richtung. Grundlage und Sinn dieser Zeilen war schließlich, mich einer ungeschönten Analyse der Umstände und Situationen zu unterziehen, die mir in meinem Leben missfallen, mich in meiner Entwicklung behindert haben. Allerdings ist es das nicht allein – die Auslotung dieser dunklen, weitgehend unbekannten Höhle des eigenen Ich umfasst mehr als die Beschreibung von positiven und negativen Belangen der eigenen Person. Erlebnisse, Gerüche, Gefühle, Geschmack, Verhalten, Begegnungen werden von einem Menschen im Laufe seines Lebens verschieden erlebt, weil er jederzeit die Möglichkeit der Reifung seiner Persönlichkeit hat, durch Eigenarbeit diese dunkle Höhle heller und lichter zu gestalten, ohne wesentlichen oder dominierenden Einfluss Dritter, ohne bemüht zu wirken, aber mit entschlossenem Einsatz. Entschiedenheit, Eindeutigkeit, Demut und Toleranz, auch die Überwindung der Neigung, den bequemeren Weg zu wählen – wenn es denn von jeder dieser Eigenschaften ein Teil wäre, den man sein Eigen nennen könnte, dann wäre es gut, wäre es, wie eine warme mütterliche Hand zu spüren, die sich einem sacht auf Scheitel und Seele legt.

Welch ein Zauber liegt in diesem Bild: Im Licht der untergehenden Abendsonne nach Hause zu kommen und die ewige Melodie, die in einem klingt, hören zu dürfen. Wartet jemand, um den Zauber zu vervollkommnen? Die vorbehaltlose, uneingeschränkte und uneigennützig empfundene Liebe zu einem Menschen scheint die schönste aller Spielarten dieses Hinwendungsgefühls. Ich erinnere eine nächtliche Überfahrt nach Korsika und ein blondes Mädchen, mehr als Gespräche und Andeutungen von Gefühlsregungen, und das auch nur von meiner Seite, hat es nicht gegeben. Ich habe ihren Schlaf bewacht, ich liebte selbstlos. Selbstlos? Nur wenig später treffe ich, nicht mehr Kind, noch nicht Mann, ein anderes Mädchen. Ich sehe sie zum ersten Mal, verliebe mich unumwunden, spontan und bedingungslos. Ich erinnere, als wäre es heute, die körperlichen Auswirkungen der zitternden Unruhe, Appetitlosigkeit, der Ausschließlichkeit meiner Gedanken, die auf sie gerichtet waren, der Unbedingtheit, den anderen Menschen sehen zu wollen, mit ihm zusammen und vor allem allein sein zu können. Der Rest ist bekannt, die Geschichte verläuft wie so viele vor- und nachher. Der Rausch der Verliebtheit vergeht, die nach den ersten Jahren der jungen Ehe unbewusste Entfremdung voneinander, die unterdrückte Gleichgültigkeit, die leichtfertig ausgeteilte Kritik am anderen, die scheinbare Unbekümmertheit, mit der das geschah. Ich habe damals noch nicht die Kraft, die Geschichte im Einzelnen zu beschreiben, nicht die Gabe, sie transparent zu machen, und ich sehe keine Notwendigkeit, durch die chronologische Darlegung weiterer Einzelheiten zur Erhellung der Frage, warum ich so wurde, wie ich war, wie ich bin, beizutragen. Ich gebe mir Zeit, Zeit heilt (alle) Wunden, so sagt man.

Ich löse mich schon vor der Pubertät emotional von Mutter und Vater; einerseits trägt es mich weit von zu Hause weg, andererseits, auch das gestehe ich mir erst jetzt zu, giere ich nach Anerkennung meiner Existenz, meiner Fähigkeiten und Handlungen durch meinen Vater. Der will, wie er betont, zwar nur

»das Beste« für mich erreichen, Belobigungen jedoch werden höchstens indirekt ausgesprochen, so durch Hinweise, dass dies und jenes schulische oder sportliche Ergebnis hätte noch besser sein können. Ich sehe mich als jemand, der mehr hätte leisten sollen, dieses Defizit aber dadurch auszugleichen sucht, indem er andere dominieren will. Diese Begegnungen sind dann eher durch Äußerlichkeiten als durch Inhaltliches geprägt.

Die letzten Schuljahre waren bestimmt von einem für mein Gefühlsleben einschneidenden Ereignis: Ich verliebte mich, wie angedeutet, nicht nur das, ich verlor mich in dieser Liebe. Im Grunde war es die einzige Liebe meines Lebens, ich bin mit dieser Frau, trotz aller Widrigkeiten, immer noch zusammen. Wenn mich meine Erinnerung nicht trügt, habe ich damals alle Zärtlichkeit, Anerkennung und Bestätigung bei diesem Mädchen gesucht, die mir im familiären Bereich, mit Ausnahme der Großeltern, über Jahre verwehrt blieben oder in Form von Bestrafungen entzogen wurden. In dem damaligen kurzen, heißen Sommer habe ich nur sie im Kopf, meine schulischen Leistungen sind indiskutabel. Ein Schüleraustausch entzieht sie mir für ein Jahr. Verzweifelt wehre ich mich gegen das Verlustgefühl meiner jungen Liebe. Doch wie kann mir die Bewältigung dieses Problems gelingen? Sie kehrt zurück, erfüllt von vielerlei neuen Eindrücken, welterfahren im Sinne des Wortes, von ihrer Liebe zu mir scheint nur noch wenig vorhanden zu sein. Ich jedoch kämpfe mit allen mir zur Verfügung stehenden Mitteln um ihre Gunst, irgendwie schaffe ich es, wenige Jahre später werden wir heiraten, auch, weil ein Kind unterwegs ist.

Zumindest für mich gestehe ich mir das ein, dass diese zwei jungen Menschen keine eigenständige selbstbestimmte Entwicklung durchgemacht haben, um reifen zu können, um Individuen mit Profil zu werden. Es erscheint einleuchtend, dass die Entwicklung zur autonomen Persönlichkeit ein lebenslanger Prozess ist, der mit einer ständigen Selbstinfragestellung und reflexiven Rückkopplung der Handlungsweise einhergeht. Im Fall einer Verbindung zweier in der Anlage eigenwilliger, aber noch nicht vollständig entwickelter Persönlichkeiten, wie in meinem Fall, projizieren beide ihre Schwierigkeiten, Nöte, Ängste häufig auf den anderen oder lehnen sich aneinander an. Dabei bleibt die notwendige produktive Auseinandersetzung mit dem Selbst aus, und das in einer Zeit, die besonders intensiv für die individuelle Entwicklung sein sollte. Bei aller Intellektualität: In der Adoleszenz scheint man noch nicht zur Einsicht fähig, die eine vom Partner weitgehend unabhängige Persönlichkeit mit markanter Identität zum Ziel haben müsste und sollte.

Die gegenseitig zugefügten Demütigungen, mehr oder weniger beabsichtigt, häufig fahrlässig, Handlungen, die selten oder nie vor ihrer Ausführung auf ihre Folgen reflektiert wurden, entfernte uns beide derart voneinander, dass man schon von Entfremdung sprechen konnte. Von meiner Seite aus hätte ich mir dieses Attribut zur Beschreibung unseres Binnenverhältnisses so nie vorstellen wollen. Hilflos, voller Trauer, auch zornig, erinnere ich, beschrieb ich meinen Zustand anderen gegenüber, ohne aktiv gegenzusteuern. Bequemlichkeit und mangelnder Mut, aber auch das fehlende Rüstzeug zur konstruktiven Auseinandersetzung verhinderten eine Lösung des Problems der allmählich abhanden kommenden Liebe. Gefühlsstau und Gefühlsblockade sind Begriffe, die mir für meinen damaligen Zustand in den Sinn kommen. Die zerstörerische Dynamik erinnerte mich an Bedingungen, die mir bekannt vorkamen. So hatte ich mich als Kind und Jugendlicher gefühlt, wenn die scheinbare Allmacht der elterlichen Dominanz über mich kam. Ich erkannte zwar die Analogie der Grundproblematik, mangelndes Selbstwertgefühl beziehungsweise eine autosuggestive, ja, als zwanghaft empfundene Minderwertigkeit standen einer aktiven Lösung oder besser Verarbeitung dieser Gefühlsdefizite im Weg. So aber wirkte ich schwach und wenig konturiert auf meine Partnerin, hilflos wie ein im Wasser herumpaddelndes Kind, das nach Luft schnappt.

Ein Dilemma erkennen und ihm abzuhelfen sind bisweilen sehr verschiedene Dinge. Erkenntnis allein stellt noch keine Lösung in Aussicht. Um dem sich anbahnenden Teufelskreis zu entkommen, braucht es ein vitales Interesse an der Beziehung, gepaart mit unabänderlichem Willen, gemeinsam den Königsweg zu gehen.

In dieser schwierigen Situation befand ich mich mit meiner Frau, als unser Sohn geboren wurde, sie ihr Lehrerexamen ablegte und ich wenig später mein Medizinstudium abschloss, eine Fülle von Zäsuren, mit erheblichen Auswirkungen auf die private und berufliche Existenz beider. Es kommt, wie ein objektiver, psychologisch geschulter Beobachter unter den gegebenen Bedingungen hätte voraussagen können: Aus der romantischen Jugendliebe wird allmählich eine frostiger werdende Partnerschaft, in der schließlich jeder seine eigenen Wege geht und dies, ohne mit dem Partner über die wachsende Entfremdung zu sprechen oder ihn in seine eigenen Schwierigkeiten einzuweihen – Umstände, die ich erst viel später als unendlich schmerzlich empfand.

Meine Kinder sind, haben, bedeuten … warum so zögerlich, so verhalten, was will ich sagen über meine Kinder? Mir scheint die Kraft, die Lebensfreude abhanden gekommen zu sein, an dieser Stelle etwas über meine Kinder zu äußern.

Plötzlich wird mir bewusst, dass ich an einem Punkt angekommen bin, an dem es keine Erinnerungen mehr sind, sondern mich die Gegenwart, unvermittelt und noch voller ungelöster Rätsel und Probleme, erfasst. Mir wird klar, ich habe versäumt, ein überzeugendes Konzept für mein künftiges Leben zu entwerfen. Ich glaube, mir fehlt nicht nur Fantasie, meine Lebensenergie vor allem scheint verbraucht. Die Perspektive fehlt. Versäumnisse holen mich ein, sie arbeiten kontraproduktiv in mir. Da hilft kein Ausbrechen und Verdrängen, Wegfahren und Betäuben, wie oder mit wem auch immer. Was ich brauche, ich erahne es seit längerem, ist ein Neuanfang, wenn auch dieses Gefühl zunächst ziellos und unbestimmt scheint, psychisch und physisch, stark und echt in der Empfindung, tief in meinem dunklen Labyrinth. Momentan jedoch: immer noch kein Licht in der Höhle.

Der Glaube an das Gute, Unverfälschte, Offene, Gerade, Zugewandte, Arglose, es ist noch da, förderungswürdig und aufbaufähig. Die Kurve muss kommen, jetzt, selbst wenn ich nicht weiß oder ahne, was mich dahinter erwartet. Der Geradeauslauf hat mich zu sehr ermüdet, der Mechanismus des Lebenshaushalts greift nicht mehr und verschiebt sich vom Haben ins Soll. Oder waren dies die falschen Mechanismen für mein Ich? Ich lebe, aber ich lebe seit längerer Zeit nicht nach meinen ureigenen identischen Bedürfnissen, sondern nach den Regeln der Gesellschaft und deren Anforderungen. Nachzugeben bedingt auch, das Prinzip der Eigenbestimmtheit aufzugeben. Ein Zugeständnis birgt das nächste, erzeugt einen Dominoeffekt: Der Hamster im Käfig und auch noch auf der Laufrolle, das ist zu viel. Jeder sich ausbreitende Kreis stört andere Kreise, welcher Kreis wird ausgelöscht? Ganz allein oder ganz für andere, gibt es überhaupt Zwischenlösungen?

Geigenklänge am Sonntagabend wie aus fernen Welten, doch nur von irgendwo gegenüber, der letzte Maitag, die Gegenwart. Die alltäglichen Probleme fesseln mich schon nicht mehr so sehr, die Klarheit der Erkenntnis macht ruhig und unruhig zugleich. Erfahrungen in diesem Stadium ähneln einem Gedankenlesenkönnen: Man weiß, was kommt, wie etwas zu Ende geht. Selbst demjenigen, der die Dinge des Lebens um sich herum so durchschaut wie nie zuvor, fehlt das Vermögen, aus eigener Kraft insgeheim erwünschte Veränderungen und Verbesserungen zu bewirken. »Ach, lieber Baron von M., zeig mir das Kunststück noch einmal, dich an den eigenen Haaren aus dem Sumpf zu ziehen.« Als ich das schreibe, reflektiere, leide ich seit mehr als zwei Jahren am Symptom des Ohrgeräuschs, mehr als zwei Jahre bin ich mein eigener Gefangener, ertrage den alten Mann am Hals, länger als irgendein Sindbad aus der Geschichte. Der Leidensdruck lastet unaufhörlich und drohend auf mir, das Dunkel des Unwissens verstellt mir das Licht der Erkenntnis von Zusammenhängen zwischen meinem inneren akustischen Terroristen und meiner Persönlichkeitsstruktur.

Nur wenige Monate später, immer noch vom Tinnitus beherrscht, scheinbar ausweglos verstrickt, notiere ich: »Schau ihn dir an, den Bridge- und Boulespieler, Freizeitjogger, Vater zweier wohlgeratener und intelligenter Kinder, leidlich lausiger Ehemann einer schönen, intelligenten, aber auch häufig gegen den Strich (seinen Strich?) agierenden Frau, Arzt aus einer Mischung von Berufung und materieller Habgier, reformistischer Zweckpessimist, depressiver Sinnsucher, ohne schlagende Erfolge. Offen gesagt, ein Hund, der bellt und nicht beißt, eher sogar ein Hündchen, zudem immer noch leidend an einer lediglich subjektiv empfundenen, fehlenden oder nur rudimentär vorhandenen Vorstellung von Männlichkeit, scheinbar äußerliche Kennzeichnungen einer imaginären Minderwertigkeit. Vermeintlich toleranter, aber eher doktrinärer Diskussionsteilnehmer, jetzt, an der Schwelle zum gesetzten Alter, noch träumend von Wünschen und Vorstellungen, die andere wie selbstverständlich ein Menschenalter früher hegen und sich erfüllen.«

Ein trauriges Resümee? Nein, eher ein pragmatischer Befund, vordergründig auch bitteres Fazit, das nach Konsequenzen verlangt, das Mut voraussetzt, den ich offenbar aufgrund meiner Persönlichkeitsverfassung nicht habe, noch nicht haben kann. Damals ahnte ich noch nichts von Ereignissen, die mein Leben und vor allem meine Einstellung zu Menschen und Dingen, die mir wichtig waren, verändern sollten.

Die Reise

Eines Morgens, nur wenige Wochen nach Aufzeichnung dieser vom Sarkasmus geprägten seelischen Nabelschau, stehe ich mit dem Entschluss auf, an meinem Zustand etwas zu ändern, ich weiß noch nicht genau, was im Einzelnen und wie. Ein äußerer Anlass, ein Erlebnis zuvor oder ein motivierender Traum sind mir zwar nicht erinnerlich, das Maß des Leidensdrucks jedoch scheint übervoll. Ich beschließe, zumindest für einen gewissen Zeitraum, alles hinter mir zu lassen, zu flüchten, meine Familie, meinen Arbeitsplatz und meine Freunde können mich nicht halten, wollen es auch nicht, ja, raten mir sogar zu einer Auszeit.

Eher zufällig und unter Zeitnot buche ich eine Pauschalreise, möglichst weit weg aus dem tristen Einheitsgrau meines

Lebens und meiner Umgebung, meiner Assistentin vertraue ich die stark frequentierte Praxis an, jegliche Bedenken beiseiteschiebend, man könnte meinen fachlichen Rat vermissen, die Patienten meinen Schritt missbilligen – es ficht mich nicht an. Fluchtgedanken ergreifen Besitz von mir, treiben mich unumkehrbar an. Ich fliege davon. Anfangs ist mir leichter ums Herz, vergleichbar dem Gefühl, das ich häufig auch bei meinen Läufen verspüre. Ich erreiche mein Ziel, das eher für Massentourismus als individuelles Reisen bekannt ist. Kaum dort, befallen mich bereits Zweifel, ob ich es richtig gemacht habe. Dennoch – das erste Mal seit mehr als zwei Jahren – übe ich mich hinsichtlich irgendeiner, mir völlig unbewussten Entwicklung in Geduld. Ich tue dies und das, was andere anlässlich eines vergleichbaren Urlaubs auch tun, Ablenkung wird allenthalben geboten, innerlich entspannt bin ich noch nicht.

Nach vier oder fünf Tagen wird es mir zu eng, ich muss dem Touristengetto wenigstens zeitweise entfliehen, unternehme eine Wanderung vom Ort am Meer auf das im nahen Hinterland sich erstreckende Hochplateau. Es ist ein sonnenüberfluteter Tag, keine Wolke am Himmel, leichter Wind, eher kühlend und angenehm. Nach steilem Aufstieg erreiche ich die Hochebene. Als ich, eher zufällig, einen Blick hinter mich werfe, sehe ich nichts als die Abrisskante des Hangs, über mir den gleichförmig blauen Himmel, vor mir ein schmales Tal, begrenzt von Geröllhalden. Nach wenigen hundert Metern fällt das Gelände fast unmerklich ab. Der Begriff »Mondlandschaft« kommt mir in den Sinn, um mich herum ist alles schrundig, karstig, Basaltschotter wohin man schaut, kein Grashalm, kein Strauch, kein Baum, kein Getier, nicht einmal ein Vogel in der Luft. Der Weg verengt sich zu einem schmalen Pfad, jetzt vor mir ein leichter Anstieg, rechts und links steil aufragende Schotterwände. Über mir das Blau des Himmels, kontrastierend mit dem Grau der Steine, sonst nichts, gar nichts. Unvermittelt bleibe ich stehen, eine seltsame Unruhe erfasst mich, ich empfinde diesen Moment, als ob die Welt, das Leben, die Natur stillstehen, so wie ich gerade verharre, wie ein witterndes Tier. Ich lausche, höre nach außen, besonders aber auch nach innen. In diesem Augenblick glaube ich zu träumen, etwas steigt in mir hoch, ich versuche, die Tränen zurückzuhalten, es gelingt nicht. Ich habe in diesen Sekunden, Minuten *nichts* gehört, weder von außen in der Umgebung, hauptsächlich aber in mir drinnen nichts, kein Geräusch, vor allem nicht mehr das mir nur allzu bekannte Brummen. Es ist verschwunden, ich zögere, oder täusche ich mich? Ich gehe ein paar Schritte, stehe still, allmählich überflutet mich ein lange vermisstes Glücksgefühl, jetzt schreie ich es hinaus, es ist weg, weg, weg, verschwunden, das Brummen, der Quälgeist ist nicht mehr da.

Es ist nicht auszuschließen, dass nur Menschen, die ihre Tinnitussymptomatik ähnlich schlecht ertragen können oder konnten, deren Leidensdruck immens hoch war oder ist, dieses Gefühl in dieser Intensität nachzuempfinden in der Lage sind, das ich als so sehr befreiend wie nichts anderes in meinem Leben zuvor erlebt hatte. Bis heute wüsste ich nicht anzugeben, wie lange ich dort oben im Karst, im Nirgendwo stand, saß oder lag. Auf dem Rückweg beschäftigte mich, wie selbstverständlich, die Frage nach der Ursache des plötzlichen Verschwindens oder, andersherum, des Nicht-mehr-Hörens, Nicht-mehr-Wahrnehmens des Tinnitus. Noch kann ich, selbst als ich mich in die Rolle des Fachmanns hineinversetze, mich sozusagen neben mich stelle, eine erste Analyse durchführe, keine kausale, medizinisch befriedigende Erklärung für das beglückende Erlebnis finden, später werde ich mich wissend und demütig lächelnd an diese Stunden erinnern. Ich werde mir immer dann diese Minuten ins Gedächtnis zurückrufen, wenn mich Situationen im Alltag veranlassen sollten, undankbar zu sein, ungerecht und vorschnell im Urteil – werde ich doch später die Befreiung vom Störgeräusch als Verpflichtung ansehen, mein Leben weniger anspruchsvoll, weniger fordernd, kurz, demütiger zu gestalten.

Die Zeit bis zur Abreise verbringe ich wie im Traum. Ich bin glücklich und unruhig zugleich. Die Befürchtung, das Brummen könne wieder auftreten, schiebt sich allmählich wie eine größer werdende Wand zwischen mich und das Glücksgefühl, bedingt durch die innere Stille. Auf dem Rückflug stelle ich mir vor, wie er sein wird, der Neubeginn, die veränderte innere

Situation, die Befreiung von der Geißel, vom »alten Mann« im Ohr, im Kopf. Als das Flugzeug im regnerischen Frankfurt landet, ich den Flughafen verlassen habe und zu meinem Wagen gehe, überfällt mich von einer Sekunde auf die andere Panik: Mein Brummen ist wieder da, in der gleichen Intensität, in der gleichen Frequenz, im selben Ohr. Ich empfinde mich wie ein bei Bewusstsein Gelähmter, eine totale Gleichgültigkeit dem Leben gegenüber macht sich in mir breit. Die Fahrt zurück wird zur Qual, mehrmals überlege ich, einen Unfall zu provozieren, einmal muss Schluss sein, denke ich. Dennoch komme ich äußerlich unversehrt heim.

Das Gespräch

Immer wieder kreisen meine Gedanken in den nächsten Tagen um die Frage, um das Rätsel der Ursache des Verschwindens und Wiederauftauchens meiner akustischen Qual, wiederum finde ich keine Antwort. Jetzt erst erinnere ich mich, in den zurückliegenden Jahren hin und wieder, für eine kurze Zeit den Tinnitus entweder nicht wahrgenommen oder zumindest als die Lebensqualität nicht einschränkend empfunden zu haben, jedoch ohne eine Erklärung zu besitzen. In den nächsten Monaten verschlimmert sich mein subjektiver Zustand. Die seit langem praktizierte häusliche Abkapselung entwickelt sich zur totalen Verweigerung jeglicher Kommunikation. Paradoxerweise empfinde ich jetzt die hin und wieder einsetzende Symptomfreiheit als eher belastend, vergleichbar mit dem elementaren Erlebnis während meines Kurzurlaubs, als Hoffnung in mir aufkeimte, verbunden mit einem Gefühl, noch einmal davongekommen zu sein, ohne größeren Einsatz seitens meiner Person hinsichtlich einer Aufarbeitung, einer Analyse der Ursachen meines Leidens. Diesen Trugschluss anzuerkennen, fiel mir beinahe schwerer als die Duldung des Symptoms selbst.

Wenige Monate später, an einem grauen Novembersamstag, bin ich wieder mit Suizidgedanken konfrontiert. Ich sitze allein im oberen Stockwerk meines Hauses, möglichst weit entfernt von allen und allem, versuche, wie immer vergeblich, mich vom Brummen abzulenken, das mich in einer Körperspannung hält, die ich an diesem Tag mehr als sonst empfinde. Die Spannung erscheint wie das Paradox der lähmenden Unruhe, einer gewaltsam gebremsten Dynamik. So wie in einem meiner Träume, in dem ich quälend langsam einen Berg laufend zu ersteigen versuche, dabei werden meine Beine zunehmend schwächer, verkrampfen, Lähmungsgefühle stellen sich ein, ein gefühlter Stillstand aller Körperfunktionen. Unvermittelt unterbricht meine Frau das Schweigeszenario und bittet um ein Gespräch. Zum ersten Mal seit langer Zeit sucht sie mich in meiner selbst gewählten Enklave auf, bricht in meinen mich umgebenden Panzer ein, wirkt entschlossen. Mehr widerstrebend als erwartungsvoll stimme ich zu.

Es kommt zu der von mir seit langem befürchteten Abrechnung. Alles wird sie mir sagen, was sie in den letzten zwei Jahren neben mir schweigend erlebt und erduldet hat. Dieses Gespräch, ich werde es Wort für Wort erinnern, ist im Grunde ein Monolog, die Bestandsaufnahme des Menschen, der mich am besten und längsten kennt, am häufigsten um mich war und ist, mich beobachtet hat, auch meine Klagen, meine Verzagtheit am meisten und längsten hat anhören und erdulden müssen. Sie weist mich auf die untragbar gewordene Situation hin, sie analysiert mein Leben, mein Verhalten. Meine Männlichkeit, meine Attraktivität als ihr Mann versänken für sie allmählich in einem grauen Nebel, mache meine Existenz bedeutungslos, die Beziehung sei beziehungsweise werde ihr allmählich gleichgültig, ja, sie nehme mich als Mann und Menschen fast nicht mehr wahr. Sie appelliert an meine innere Kraft, von der sie zu wissen scheint, die sie mir zutraut. Ich höre mir alles wortlos an, zunächst tief verletzt, gekränkt, hilflos, unfähig zur Reaktion – so scheint es. Insgeheim jedoch spüre und ahne ich: Das ist meine letzte Chance, hier hat jemand erkannt, wie ich befreit werden könnte von der alles zerstörenden Umklammerung des Brummtons. Ich erkenne unmittelbar, ich bekomme einen Weg gewiesen, den mutmaßlich einzig möglich gangbaren, wie mir scheint. Irgendwo, tief in mir drinnen, noch nicht zu begründen, anerkenne ich die Richtigkeit des mutigen Rates meiner Frau, psychotherapeutische Hilfe in Anspruch zu nehmen. Nach ihrer Überlegung hält sie eine seelische Ursache für mein Dauergeräusch für möglich, eine Hypothese ohne wissenschaftliche oder erfahrungsbezogene Grundierung, wie sie später einräumt. Eine Erkenntnis aus liebevoller, wenn auch distanzierter Beobachtung. Wenn es denn, so ihr Argument, keine körperlich fassbaren Veränderungen gebe, die das Geräusch erklären könnten, bliebe schließlich lediglich die Möglichkeit einer psychischen Ursache, etwa seelischer Verarbeitungsstörungen. Sie verlässt mich, ohne auf eine Antwort zu warten, sie hat das gesagt, was ihr existenziell notwendig erschien. Sie ist souverän genug, keine unmittelbare Erwiderung zu erwarten, mein Gesicht, mein Aussehen, hatten ihr alles gezeigt.

Die psychotherapeutische Arbeit

Wie in Trance rufe ich einen mir bekannten Therapeuten an, immerhin, es ist Samstagnachmittag, unwahrscheinlich, ihn persönlich am Telefon anzutreffen, und dennoch, zumindest hoffe ich darauf, eine Nachricht, meinen Hilferuf über einen Anrufbeantworter hinterlassen zu können. Zu meiner Verwunderung ist der erwünschte Gesprächspartner selbst am Apparat. Nach knapper Schilderung meines Problems bekomme ich einen Termin für den folgenden Montag; die Stimme des Therapeuten ist sachlich, emotional scheinbar unbeeindruckt. Erst, als ich den Hörer auflege, wird mir bewusst, wie uneigennützig die Liebe meiner Frau zu mir wohl sein muss, welchen Mut sie aufgebracht hat, wie viele Überlegungen sie angestellt haben könnte, um mich aus meiner depressiven Starre zu befreien.

Damals wie heute erinnere ich einen Satz von Montesquieu: »Im Leben eines jeden anständigen Menschen gibt es eine Erinnerung, die ihn erröten lässt, wenn er in stillen Stunden daran denkt.« Es muss die Farbe der Morgenröte gewesen sein, denn ich weiß, ich fühle, dass eine neue Ära beginnt, der Aufbruch weg vom gegenwärtigen Dasein zum noch unbekannten, aber neuen und, wie zu hoffen, lichteren Ufer. Zwei Tage lebe ich in ängstlicher Hoffnung und Erwartung, ich präpariere mich gewissermaßen, ich ziehe, vielleicht zum ersten Mal bewusst, eine Bilanz meines bisherigen Lebens. So, als ob mein zukünftiger Therapeut mir eine Art von Befehl erteilt hätte, möglichst alles, lückenlos, anlässlich der ersten Zusammenkünfte mitzuteilen, was es für mich zu mir Bemerkenswertes zu berichten gäbe. Die mir durch die Umstände aufgezwungene Erinnerungsarbeit erschien mir zunächst wie eine Drohung, als müsse ich nicht einen leeren, sondern mit Steinen gefüllten Eimer an einer rostigen Kette aus einem Brunnen ziehen. Erinnerung, nicht vergoldet oder verklärt, nicht verbrämt mit seligem Schmunzeln und behäbigem Sichzurücklehnen. Diese Arbeit glich einer unerbittlichen Tätigkeit, Aus- und Nebenwege waren ausgeschlossen.

Ich weiß an diesem Wochenende im November, dass ich keine Chance habe, diese Zeit und mit ihr bestimmte Erlebnisse, nachdem tränenreiche Zugeständnisse und halbherzige Versöhnungen stattfanden, auszublenden. Allzu gern würde ich diese Erinnerungen schönreden, aber ich bin an einem Punkt angelangt, wo nur unbedingte Ehrlichkeit mir selbst gegenüber den Weg nach vorn weist. Gerade damalige Ereignisse stehen beispielhaft für eine schmerzlich erlebte Ich-Kränkung, die ich bis zum heutigen Tag nicht verarbeitet, sondern in vielen Bereichen verdrängt habe, offenbar nahtlos schienen sich Erlebnisse aus meiner Kindheit und das Geschehen in meiner jungen Ehe zu ergänzen. Meine romantische Vorstellung von Zweisamkeit, oder sollte man sie eher als sentimental bezeichnen, schien zerstört, eine pragmatische Routine stellte sich in meiner Zweierbeziehung ein, selten durchbrochen von Stunden der früher gemeinsam empfundenen ursprünglichen und unschuldigen Vertrautheit. Wie man so sagt: Die Zeit vergeht. Die nur scheinbar verheilten Wunden werden mitgetragen und kennzeichnen in ihrer Ausdeutung und Anzahl den Menschen im Laufe seines Lebens. Wie negative Trophäen, so empfand ich diese seelischen Verletzungen.

Nach außen hin durchlief ich eine Karriere des medizinisch akademischen Mittelbaus: Facharztausbildung, Eröffnung einer

Praxis in einer mittleren Großstadt, Erfolge bei Patienten mit sich daraus ergebendem finanziellen Zugewinn, gesellschaftlich geachtet, als Paar beliebt, Einladungsabende schmückend, man nahm mir auf diesen Festen das große Wort, das ich nun mit einer gewissen Berechtigung führen zu dürfen glaubte, ohne großen Widerspruch ab.

Nur hin und wieder stieß mich die Gleichförmigkeit meines Lebens ab, zwischen Beruf und Familie pendelnd, von meiner Tätigkeit physisch so stark in Anspruch genommen, dass mein Gefühls- und Geistesleben mehr und mehr in den Hintergrund trat und mich intellektuell abstumpfte. Ich erinnere immer häufiger das Gefühl der Müdigkeit »auf den Tod«, so meine Worte zu mir selbst, Tribut meiner alle Kräfte konsumierenden Tätigkeit als Arzt. Ich kann auch außerhalb meiner Praxis nicht loslassen, viele medizinische Probleme und Fälle nehme ich mit in meine Träume. Möglicherweise hat die jahrelange Außenbestätigung in Form des beruflichen Erfolgs einen Kompensationsmechanismus in Gang gesetzt, der mich befähigte, meine im psychischen Bereich nicht verarbeiteten, weiter bestehenden Kränkungen durch Elternhaus und teilweise zerstörerisch verlaufende Paarbeziehung scheinbar unbeschadet zu überleben. Meine Marathonläufe, der Stolz auf meine materielle Unabhängigkeit, mein Haus, der Erwerb von Immobilien in bester Lage, meine mir zugewandten, intelligenten Kinder, all das hätte mir doch hinlänglich, ich vernehme derlei auch von meinen Freunden, ausreichend Genugtuung, Zufriedenheit und Lebensglück verschaffen müssen. Für Außenstehende mochte all das zutreffen, wäre da nicht eine übergeordnete Instanz gewesen: Mein Inneres nämlich hatte ich nicht befragt, in all den Jahren nicht einmal. Die vielfältigen Außenkontakte und Ablenkungen hatten eine im Grunde lebensnotwendige Besinnung auf mich selbst verhindert. Falsche Koordinaten dominierten mein Leben. Auch dieser Bedingungen wurde ich mir an diesem trüben Novembertag grundsätzlich bewusst, bevor ein neuer Lebensabschnitt eine noch diffuse Hoffnung auf Klarheit mit sich brachte.

Zuweilen weiß ich nicht, wie mir geschieht. Die Erinnerung schlägt von allen Seiten über mir zusammen, Wasser bricht sich

Bahn, alles mit sich reißend, Gutes wie Schlechtes, Helles und Dunkles, ich will und kann es in diesen beiden Tagen vor dem erhofften und doch gefürchteten Montag nicht verhindern. Es ist die elementare Kraft einer lange missachteten Seele, die ich spüre, eine Kraft, von der ich noch nicht weiß, ob sie reinigende oder vernichtende Auswirkungen hat. Diese Ungewissheit wird mir am Vorabend des Beginns meiner Therapie schmerzlich und freudig zugleich bewusst, schon scheint eine ängstliche Anspannung die authentische Hoffnung zu überlagern, ich zwinge mich zur Ruhe. Ich muss an Hans Giebenrath aus Hermann Hesses »Unterm Rad« denken, der es nicht geschafft hat, sich den Einflüssen seiner Umgebung zu entziehen, der zu jung war, um eigenständig und selbstbestimmt zu überleben. – Bin ich zu alt?

Dann, am Montagnachmittag, vor der ersten Therapiestunde bin ich jedoch mehr als zuversichtlich. Ich habe aus meiner Sicht eine bemerkenswerte Vor- und Erinnerungsarbeit geleistet, ganz offensichtlich eine gute Voraussetzung für die bevorstehende Zeit. Aber ist es nicht auch so, dass diese Konfrontation mit dem eigenen Ich, die allmählich sich entwickelnde Einsicht in die Ähnlichkeit mit sich selbst, nicht nur zu begeisternder Hoffnung Anlass gibt, sondern durchaus dem Fallen in einen tiefen Brunnen gleichen könnte, ohne Hoffnung auf Entrinnen?

Die ersten psychotherapeutischen Sitzungen verlaufen enttäuschend für mich. Nichts scheint sich zu bewegen, ich blocke ab, blende aus, als ob es in den vorangegangenen Tagen kein Nachdenken über meine gegenwärtige Situation gegeben habe: Nein, in der Praxis gebe es keine Probleme, die floriere wie immer, ich sei fachlich auf dem neuesten Stand und so weiter. Ja, privat bedrücke mich einiges, es sei die typische Situation einer so genannten »alten« Ehe. Einmal, zu Beginn einer Sitzung, ich lächele den Therapeuten an, dieser erwidert diese scheinbare Zugewandtheit nicht nur nicht, sondern fragt mich, ernst und bestimmt, was mich heute so wütend mache. Scheinbar davon überzeugt, mein Gegenüber wolle mich provozieren, werde ich laut, reagiere unangemessen, will die Brocken hinschmeißen. Auf dem Nachhauseweg spiele ich mir die Situation erneut vor, reflektiere, analysiere, stelle mich, möglicherweise das erste Mal in meinem Leben, neben mich, betrachte mich so objektiv, wie es mir mein damaliger Zustand erlaubt, und – stimme dem Therapeuten zu. Habe ich nicht noch wenige Stunden zuvor meine Vergangenheit ähnlich ehrlich und offen zu analysieren versucht? Ja, ich *war* wütend gewesen, ich *hatte* etwas vorgespiegelt, was nicht meiner momentanen Gemütslage entsprach. Noch weiß ich nicht, warum, aber ein Anfang ist gemacht, die scheinbar undurchdringliche Nebelmauer um meine Seele könnte mit gutem Willen und dem Licht der Erkenntnis durchdrungen werden. Montag für Montag entwickelt sich aus einem Dialog allmählich ein Monolog, ich öffne mich, das Selbstgespräch wird mir zur Abrechnung mit meinem bisherigen Leben, meinen Handlungsweisen, meinen Interaktionen mit anderen; meine Lebenspläne, meine Träume und Wünsche, mein eigentliches Wesen, mein ganz spezifisches Ich werden allmählich sichtbar.

Die erinnerte Zeit vor Beginn der Therapie hatte ich so chronologisch wie möglich gestaltet, denn jetzt rückten Situationen und Stationen meines Lebens ins Bewusstsein und damit in den Vordergrund, die ich, endlich eher lächelnd als trauernd, zur Kenntnis nahm. Keine elterlichen oder von anderer Seite vorgenommenen Bewertungen störten meine Ausführungen dem Therapeuten gegenüber, frei von Angst vor Sanktionen breitete ich das Bild meines Ich aus. Ein lange vermisstes Freiheitsgefühl durchdrang mich während der Schilderung dieser Berichte. Immer öfter verließ ich die Sitzungen mit einem wehmütigen Glücksgefühl.

Die Ambivalenz dieser Erinnerungsarbeit wurde mir bewusst, ohne dass ich den Verlust von Illusionen als einschränkend oder mich in meinem Sosein abwertend ansah. Schon als Kind und Jugendlicher hatte ich ein starkes Mitgefühl empfunden, setzte mich für Schwächere ein, auch mein Gerechtigkeitssinn war sehr ausgeprägt, die Neigung, physische Zärtlichkeit zuzulassen und den Willen dazu zu bekennen, wird evident, die Abneigung gegen vehemente Auseinandersetzungen artikuliert. Meine äußere Robustheit, meine dominant wirkende Erscheinung stehen offensichtlich im Gegensatz zur verletzlichen, filigranen Psyche. Und dennoch, wie dünnhäutig bin ich und bleibe ich all die Jahre. Kränkungen verunsichern mich dermaßen, dass ich, so meine aktuelle Bilanz, immer noch häufig überreagiere, jähzornig Hinweise auf Fehlverhalten meinerseits unreflektiert und als unzutreffend zurückweise. Ich finde in der Zwiesprache mit dem Therapeuten eine Leitlinie für einen mir eigenen grundsätzlichen Wesenszug: Der Einsicht in Zusammenhänge auf rationaler Basis steht eine inadäquat emotionale, häufig spontan geäußerte Überreaktion entgegen, die es mir in der Interaktion erschwert, überzeugend zu wirken. Mit anderen Worten: Meine emotionale Vehemenz bringt mich um Erfolge, die ich andernfalls grundsätzlich eingeheimst hätte. So aber fühle ich mich als Unfertiger, zuweilen Unverstandener, Zurückgesetzter. Die anderen, so empfinde ich, hinderten mich an meiner spezifischen Entfaltung.

Im Laufe der Therapie werden mir diese Fehleinschätzungen und deren Folgen bewusst, die Erkenntnis erlebe ich eher als beglückend denn als bedrückend. Die Loslösung von scheinbaren Sachzwängen quittiere ich mit seelischem Aufatmen. Es ist, als ob ich Neuland betrete, ich entdecke an mir Merkmale, die ich als solche zwar kenne, aber nicht als wichtig und wertvoll anerkannt habe in ihrer Wirkung anderen und mir selbst gegenüber. Ich erringe kleine, stille Siege in Situationen, die bislang nahezu zwangsläufig zu Kontroversen geführt hatten. Entschlossen, nachgiebig sein zu können, *gegen* das in mir aufkommende Widerstandsgefühl zu handeln, ein Gefühl, das möglicherweise Resultat einer immer wieder als kränkend empfundenen Zurücksetzung, Nichtanerkennung der eigenen Person war. Nichts Spektakuläres also, diese »kleinen, stillen Siege«, für andere in des Wortes Bedeutung voraussichtlich nicht nachvollziehbar, für mich eine Belobigung meines Selbst, eine Ich-Stärkung.

Behutsam, scheinbar unerbittlich und dennoch mit unverhohlener Sympathie führt mich der Therapeut weiter nach innen, aus der ungeordneten, unübersichtlichen dunklen Höhle wird ganz allmählich ein lichter Raum, noch leer zwar, aber die ersten Assoziationen zu dem erwünschten Ist-Zustand meiner Seele fallen mir ein, lassen mich für Sekunden ahnen, was Ernst

Bloch meinte, als er schrieb: »Hat er (der Mensch!) sich erfasst und das Seine ohne Entäußerung und Entfremdung in realer Demokratie begründet, so entsteht in der Welt etwas, das allen in die Kindheit scheint und worin noch niemand war, Heimat.« Ich denke lange über diese Sätze nach, immer wieder, sie wurden mir zur Leitlinie für mein zukünftiges Leben. Ich spüre, dass ich bislang weitestgehend *fremdbestimmt* gelebt, meist beflissen reagiert habe, in der Kindheit Verbote auferlegt bekam, deren Sinn ich nicht anerkannte, weil sie – auch – aus einem Gefühl der Hilflosigkeit seitens der Eltern selbst ihren Ursprung nahmen, Verbote, um meinen unbändigen Freiheitsdrang, mein Hinterfragen, meine stetige Suche nach den Dingen des Lebens einzudämmen, weil ich Gebote und Verhaltensmaßnahmen erlernen und beachten sollte, die von denen, die sie erlassen hatten, selbst nicht vorgelebt wurden. Selbst meine Berufswahl entsprach nicht *eigenbestimmtem* Willen und Wollen, sondern eher einer widerspruchslos akzeptierten Zuweisung durch den Vater. Meine lebenslange ambivalente Haltung zu ihm bildete die Folie, an der ich mich während der Therapie abarbeitete: die innere Reife und Selbstständigkeit zwar in Umrissen vor Augen, aber noch nicht auf festen Füßen stehend, auf emotionaler Ebene hingegen angewiesen zu sein auf liebevolle Zuwendung. Ich liebte meinen Vater, verachtete ihn gleichzeitig, ich empfand ihn im Familienverband als die seitens der Mutter domestizierte Person, doch auch als den gefühlvollen, liebenden, zugewandten Mann, wenn er sich außerhalb der Einflusssphäre seiner Frau, meiner Mutter, befand.

Folgerichtig analysierte ich allmählich zusammen mit dem Therapeuten, dass hier ein aus der Kindheit herrührender *unverarbeiteter Konflikt* zu bewältigen war, der einen Großteil meiner zum Teil zwanghaften Persönlichkeitsmerkmale im Erwachsenenalter ausmachte und meine Handlungsabläufe mitbestimmte, letztlich dann zu dem Signalsymptom in Form des Tinnitus führte, mit dessen »Aufforderung«, den Grundkonflikt meiner Zwiegespaltenheit aufzulösen.

Offenbar war der Wille des Kindes zu oft mit physisch brutaler Gewalt gebrochen worden, hatte es sich nach Lob und Anerkennung gesehnt, durch Überreaktionen diese Defizite auszugleichen versucht, galt es als großsprecherischer Anführer, Aufrührer, Störenfried.

Unbefangen betrachtet könnte man meinen Lebensverlauf als wenig spektakulär ansehen: eine akademische Karriere mit frühestmöglichem Abschluss, der Wunsch, immer mit vorn dabei und am schnellsten zu sein, war mir unbewusst stets zueigen. Ich heiratete noch während der Studienzeit, wir bekamen ein Kind, wohl mehr von mir als von meiner Frau zu diesem Zeitpunkt erwünscht, waren wir doch selbst kaum dem Jugendalter entwachsen. Wir kannten uns seit unserem 16. Lebensjahr, eine wahre Jugendliebe, unverfälscht, die Außenwelt schien nicht für uns zu existieren. Als wir die Stadt unserer Studien und Ausbildungen verlassen, uns in einem bis dahin unbekannten Ort niederlassen, ist alles um uns herum zwar fremd, aber aufregend, aufreibend, von den vorhandenen Grundproblemen ablenkend. Nach Jahren des beruflichen Erfolgs, der finanziellen Unabhängigkeit, ein Wunschkind hat die Familie vervollständigt, steigt in mir der Gedanke an die Sinnhaftigkeit meines Lebens, an die Richtigkeit des »Wie« zum ersten Mal hoch.

Dieser Blick nach innen aber hält nur kurze Zeit an. Die täglichen Anforderungen und Ablenkungen absorbieren meine Kräfte fortwährend. Ich fühlte mich jetzt häufiger »auf den Tod müde«, diesen Begriff äußerte ich dem Therapeuten gegenüber sehr häufig, ich empfand ihn für meinen Ist-Zustand prägend und symptomatisch. Nicht als Schlafes Bruder, nein, als kaum zu steigernden Grad der Erschöpfung, eben müde auf den Tod. Ich, der nicht raucht, wenig trinkt, täglich Sport treibt, der wenig krank war und stolz auf meine körperliche Robustheit, auf mein Durchhaltevermögen, nahm diese extreme Müdigkeit widerstandslos, scheinbar reaktionslos als gegeben hin, schrieb sie ausschließlich meiner täglichen Arbeitsbelastung zu. Ich handelte, entschied, bestimmte, dies aber zunehmend durch den Schleier einer Verfremdung, die einer noch nicht wahrgenommenen Gleichgültigkeit entsprach, ich sah im Handeln nicht auf mich, reflektierte nicht *meine* Empfindungen, achtete eher auf die Reaktionen der *anderen*, auf deren Bestätigung oder Ablehnung, ein permanentes Seitwärtsschielen beim Voranschreiten. An dieser Stelle muss ich erneut und nicht zum letzten Mal auf die Zerrissenheit, die ich nur scheinbar gleichgültig und ergeben erdulde, aufmerksam machen: Mein Bedürfnis nach Authentizität und mein reales äußeres Verhalten stehen in einem krassen, kaum zu überbietenden Gegensatz!

Eines Tages fragt mich der Therapeut, als ich meinen Blick an die Zimmerwand richte, ob ich etwas sehe und gegebenenfalls, was. Es ist still im Raum, ich sammele mich, die Fenster sind geschlossen, kein Außengeräusch stört die Konzentration auf die Frage – bis auf das Brummen, das tiefe Brummen, das mich in diesem Augenblick nicht nur durch seine reine Existenz verstört, nein, es überdeckt meine Wahrnehmung, mischt sich in meine Gedankengänge, lenkt mich in jeglicher Hinsicht ab, macht sich beim Innehalten während intensiver Handlungen bemerkbar, auch die mir verbleibenden wenigen Augenblicke, die ich als beglückend empfand. Aber selbst diese Zeit wurde durch die unerbittliche Permanenz des Brummtons beeinträchtigt. Und dennoch, es schien mir allmählich das Dräuende, mich in Panik Versetzende abgeschwächt zu sein, so als ob ein Abstand zwischen mir und dem Geräuschphänomen entstanden sei. Allein die Annahme, das innere Signal Tinnitus nicht durch körperliche, sondern möglicherweise psychische Spannungsphänomene erklären zu können und mit deren Lösung, Auflösung auch zum Verschwinden zu bringen, befähigte mich, das Geräusch zu funktionalisieren, es als einen unerwünschten, aber doch letztlich auszurechnenden Kontrahenten anzusehen und die Auseinandersetzung mit ihm aktiv bewältigen zu wollen. Auf die Frage meines Gegenübers gebe ich an, vor mir lediglich die Farbe Grau zu sehen, die Umgebung sei unklar, verwischt, wie mattiert. Aber ich gebe zu, selbst an Tagen mit klarem blauem Himmel komme mir dieser nicht strahlend, sondern wie abgedunkelt vor, trauergefiltert. Ich hätte in diesem Augenblick, später erinnere ich diese Empfindung, gerne geweint, nicht um Mitleid zu erregen, sondern als befreiendes Erlebnis, als Entlastung der bedrängten Seele.

Eine wichtige Entscheidung

Im Laufe der nächsten Monate stabilisierte sich meine Stimmungslage, auch das konnte ich erst im Nachhinein registrieren. Zeitweilig scheint das Geräusch leiser zu sein, leiser zu werden, mehr Abstand zu meinem Kopf, meinem Inneren zu erlangen, ein ständiger Begleiter zwar, aber einer, den man wohl oder übel als solchen zu akzeptieren lernt.

Immerhin, trotz meiner Unduldsamkeit in der Arztpraxis, meiner Kritik an den Mitarbeiterinnen, die ich – zu Recht oder nicht, sei dahingestellt – häufiger als früher äußere, fühle ich, wie ich allmählich freier werde, das mich bis dahin scheinbar erdrückende seelische Gewicht weniger auf mir lastet, spüre ich, wie der Fluss ohne sichtbare Ufer zunehmend in überschaubare Bahnen gelenkt wird. Meine Bemühungen, mit meiner Assistentin eine Gemeinschaftspraxis zu betreiben, scheitern an der Bürokratie, der Selbstverwaltung der Ärzte. Ich bemerke, dass mich diese Entscheidung nicht zusätzlich deprimiert. Eine allmählich sich entwickelnde Hoffnung auf Bewältigung meines Problems, noch nicht klar umrissen oder konkret zuzuordnen, vermittelt mir zeitweilig ein Hochgefühl der Gewissheit, mein grau getönter Hamsterradalltag, die Permanenz des Negativen, wird ein Ende finden, wird vielleicht wieder oder erstmalig zu einem erstrebenswerten Dasein, auf das ich mich täglich neu würde freuen können. Allmählich formt sich in Umrissen der Gedanke an einen Neuanfang, auf eine Kurve im bisherigen Geradeauslauf meiner Biografie. Ich erwäge, meinen Beruf aufzugeben, mich völlig anderen Dingen als den erlernten zu widmen, Wunschträume wie Weltreisen und anderes schweben mir vor. Keine Frage, psychoanalytisch gesehen sind das Fluchtgedanken. Ich muss an meinen ärztlichen Lehrer und mein Vorbild aus meiner Studenten- und frühen Ausbildungszeit denken, jemand, der Bescheid wusste über »Flüchten oder Standhalten«[3].

3 Titel eines Buches von Horst-Eberhard Richter, einem bekannten deutschen Psychoanalytiker.

Auch hier hole ich mir bei meinem Therapeuten Hilfe, eine eigenbestimmte Entscheidung zu treffen. Dennoch, endlich ringe ich mich zu einem Entschluss durch, immerhin gegen die ausdrückliche Meinung mir nahe stehender Personen, die mir die Endgültigkeit meiner Entscheidung klarzumachen versuchen, die Kassenpraxis an meine Assistentin abzugeben, zu verkaufen, bis hin zur Aufgabe der Berufsausübung an sich. Das könne meinem sozialen Rang und Ansehen schaden. Was ich denn dann zu tun gedenke, was anstünde – ich weiß es nicht, habe keine befriedigende Antwort parat, verweigere mehr oder weniger unbewusst die Offenlegung zukünftiger Pläne. Mir schwebt eher das Konstrukt einer »produktiven Leere« vor, aus der Aufgaben entstehen könnten, die mir, anders als meine bisherige Tätigkeit, von der ich mich ausgelaugt fühle, neue Impulse geben sollen.

Beharrlich bleibe ich bei meiner Entscheidung, die Praxis zu veräußern. Mit meiner potenziellen Nachfolgerin wird ein Praxisvertrag geschlossen, durch die zuständigen Gremien besiegelt, notariell abgesichert. Und wieder ist es meine Frau, die, unbeschadet der oft genug bislang erfolgten kritischen Distanz von meiner Seite, mir an einem Wendepunkt meines Lebens einen Rat erteilt, dem ich, nach gewissenhafter Prüfung meiner inneren Überzeugung, erleichtert zustimme. Sie schlägt vor, mich nicht vollständig aus meinem Berufsdasein zurückzuziehen, mein Wissen, meine Erfahrung könne und solle ich nicht brachliegen lassen, ich möge eine Privatpraxis eröffnen, um so zumindest einen Teil des Tages meinen Patienten zur Verfügung zu stellen.

Dankbar und innerlich angerührt registriere ich diese liebevoll konstruktive Zuwendung meiner Partnerin, allen früheren Widrigkeiten, allen Machtkämpfen, zeitweiligen Distanzierungen und scheinbaren Lieblosigkeiten zum Trotz. Da werden jahrelange Kränkungen offenbar nicht nachgetragen, sondern verziehen. Wiederum wird dieses Gespräch an einem grauen Novembernachmittag geführt, die Vorzeichen jedoch stehen diesmal entschieden günstiger als zwei Jahre zuvor. Ich empfinde das Brummen weniger intensiv, es wirkt leichter, ferner, möglicherweise heller, überdies lenkt mich das geplante Vorhaben, mich beruflich zu verändern, mehr und mehr von meinem Symptom ab.

Wenige Wochen später, kurz vor Weihnachten, heiratet unser Sohn. Den Abend vor der Hochzeit verbringe ich mit Frau und Tochter in einer kleinen Pension, nur wenige Schritte vom Ort der Hochzeitsfeier entfernt. Ich leide an einem Magen-Darm-Infekt, verspüre Übelkeit – keine guten Voraussetzungen für den Tag der großen Feier. Als ich am Morgen erwache, erscheint mir das Zimmer wie erleuchtet. Die Sonne kann es nicht sein, es ist ein trüber Wintertag, auch das Deckenlicht ist nicht eingeschaltet. Ich höre meine Frau im Bad hantieren, die üblichen morgendlichen Geräusche, nicht störend, eher vertraut. Ich horche nach innen, wie es jeden Morgen meiner Gewohnheit entspricht. Da ist nichts, ist da nichts? Mit einem Ruck setze ich mich auf, das Brummen ist verschwunden, wieder, wie schon einmal, damals in der Steinwüste während des spontanen Kurzurlaubes. Ungläubig, wie erstarrt, den Kopf ein wenig gesenkt, stehe ich auf, stelle mich mitten ins Zimmer, keine Täuschung, kein Überhören, der Tinnitus bleibt verschwunden, von einer Sekunde auf die andere, wie man elektrisches Licht löscht durch Betätigung eines Schalters.

Die Hochzeitsfeier kommt mir später wie ein einziger Traum vor, Fotos zeigen mich mit völlig veränderten, entspannten Gesichtszügen gegenüber Aufnahmen der vergangenen vier Jahre. Nur wenige Tage danach werde ich angesprochen, ob es mir besonders gut gehe, seitdem ich die ständige Arbeitsbelastung durch die große Praxis nicht mehr habe, meine Freizeit besser genießen könne und so weiter. Nein, alles das ist es nicht, hätte ich antworten müssen, *ich* bin ein anderer. Ein anderer durch Änderung meiner inneren Einstellung oder auch durch die Zufriedenstellung der Oberinstanz meines Selbst. Die Beschäftigung mit dem Verhältnis meiner beiden Anteile, des Drinnen und des Draußen, das Bestreben, eine annäherungsgemäße Deckung dieser Komponenten zu erreichen, führte mutmaßlich zur Lösung der inneren Anspannung (ich nenne sie *Psychotension*), deren akustisches Signal, der Tinnitus, für den da draußen als Mahnung nicht mehr notwendig schien. *Der Tonappell hatte Erfolg gezeitigt.* Die von mir in diesen Tagen erlebte, bewusst wahrgenommene innere Zufriedenheit werde ich als ein nicht mehr erhofftes, mein Leben bereicherndes, überwältigendes Glücksgefühl in Erinnerung behalten.

Die nächsten Monate erlebe ich wie im Rausch, die Hochzeit, die Praxisübergabe, Reisen hierhin und dorthin, nur noch hin und wieder das ängstliche Hinhören in Richtung des rechten Ohres, aber nein, der Tinnitus bleibt verschwunden, medizinisch ausgedrückt, er »sistiert«. Es ist ausgestanden, der »kleine Mann« hat seine Macht über mich verloren. Für mich beginnt ein neues Leben, getragen von einer den Dingen des täglichen Daseins bewusst zugewandten Grundempfindung, im beruflichen wie im privaten Bereich. Ich lebe und erlebe reflektierter, abwägender – wenn auch nicht immer und überall, Rückfälle sind nicht auszuschließen –, der jahrelange Tinnitus war offensichtlich nicht nur eine, wie zunächst befürchtet, lebenslange Last, er hat mir, vergleichbar einem von innen kommenden Signal, zu erkennen gegeben, ja, mich gezwungen, mein Leben umzugestalten, aus einer anderen Perspektive zu sehen, neu zu ordnen, vor allem aber selbstbestimmt und identisch mir und anderen gegenüber zu agieren.

III Selbstanalyse

An diesem Punkt ist die Zeit gekommen für notwendig erachtete analytische Rückblicke, Einsichten, Wahrnehmungen, Geständnisse. Die Empfindung, vor Beginn meines neuen, im Grunde jetzt erst identischen Lebens auch die letzten Hindernisse, Relikte, Fesseln auf dem Weg zur neu gewonnenen inneren Freiheit aus dem Weg zu räumen, schien unbedingt zwingend. Etwas zuzugeben, heißt auch, etwas von sich abzuziehen. Das kann schmerzlich sein, ist vor allem aber befreiend.

Frühe Prägungen

Die Ein- und Beschränkungen, denen ich als Kind, aus meiner Sicht allzu oft zu Unrecht, ausgesetzt war, versuchte ich mit allen mir zur Verfügung stehenden Mitteln zu umgehen. Nur wenige, aber aus meiner Sicht typische Beispiele seien erwähnt. So war mein Vater ein überregional bekannter Fußballspieler, man konnte sich daher vorstellen, mit welcher Begeisterung ich diesem Sport huldigte. Mag sein, dass meine Eltern mit Sorge beobachteten, wie sehr sich ihr Junge für alles am und um den Fußball interessierte. Nach ihrer Meinung stand das damals wie heute beliebte Spiel für den Jungen zu sehr im Vordergrund, kurzum, das Kicken wurde mir in einem Verein, aber auch in meiner Freizeit strikt untersagt. In meiner Not umging ich das strenge Verbot. Da meine Mutter den Zustand der Schuhe und meines körperlichen Befindens streng und ohne Ausnahme kontrollierte, dachte ich mir eine scheinbar sichere Methode aus, unentdeckt zu bleiben: Ich spielte barfuß. Als ich nach

Hause kam, geschah, was ich nicht voraussehen konnte: Meine Mutter besah sich meine bloßen Füße, die vom Gras grün gefärbt waren. Die kindliche Vorstellung, besonders gewitzt vorgegangen zu sein, war dahin. Einsichten kann man von Kindern und Jugendlichen verlangen, wenn ihnen der Sinn einer Maßnahme erklärt wird, wenn Akzeptanz besteht, ich jedenfalls konnte damals meiner Trauer kaum Herr werden. Die anfängliche Fassungslosigkeit über die Sanktionen wegen dieser und ähnlicher Situationen schlug später in eine nur mühsam zurückgehaltene Wut, in verdrängte Aggression um.

Eine weitere prägende Szene, die sich mir für den Widersinn autoritären Verhaltens eingeprägt hat: Zu jener Zeit, ich mochte elf oder zwölf Jahre alt gewesen sein, galt Radfahren noch als seltenes und begehrenswertes Vergnügen. Als einer meiner Spielkameraden auf die lukrative Idee kam, sein Vehikel stundenweise zu verleihen, erbat ich mir von meinem Großvater mütterlicherseits Geld, vorgeblich, um Marzipan kaufen zu können. Auch hier schien mein Plan aufzugehen, nahm jedoch eine für mich schlimme Wendung, als ich verschwitzt und abgekämpft nach Hause kam und auf hochnotpeinliche Befragung nicht nur die Verwendung des Geldes, nun wahrheitsgemäß, schilderte, sondern daraufhin überdies als Lügner an den Pranger gestellt und mein Vergehen als typisch für mich gedeutet wurde.

Der Weg zur Selbstständigkeit, zur Unterscheidung von Recht und Unrecht wird einem Kind durch solche Erlebnisse erschwert – unnötig damals wie heute, wie ich finde. Mir fällt auf, dass diese für mich markanten Erinnerungsbilder eher von negativen Vorzeichen geprägt sind, was wohl wiederum ein Zeichen für mein mangelndes Selbstwertgefühl als Junge, aber auch als Mann von heute darstellt. Ich sei Zweckpessimist, so charakterisiere ich mich anlässlich von Geburtstagsfeiern unter Jugendlichen, wenn das psychologische Spiel der Selbstbeurteilung verglichen mit der Fremdeinschätzung gespielt wurde. Diese Haltung schien mich am sichersten vor allzu häufig erlebter Enttäuschung der eigenen Erwartung zu bewahren; später hielt ich mich an Tucholskys Motto »Erwarte nichts, heute, das ist das Leben«.

Wenn zutrifft, dass die drängenden Erinnerungen oft von Schmerz und Wehmut begleitet sind, auch Niederlagen und Demütigungen beinhalten, wie soll ich dann Jean Paul verstehen können, der von der Kindheit sagt, sie sei das einzige Paradies, aus dem man nicht vertrieben werden könne? Sicher, es gab auch solche Momente in meinem Leben, die in der Erinnerung nicht verklärt oder geschönt werden müssen, weil sie unbestritten als bleibend positive Erlebnisse in meinem Kopf verankert sind. Die kleine, heile Welt meiner Großeltern, vor allem deren Garten waren Fluchtpunkt und Ruhezone; ohne Angst konnte und durfte ich mich geben, wie ich mich gerade fühlte. So lebte ich zwei Leben, eines im Elternhaus und eins bei den Großeltern.

Die Entfremdung von meinen Eltern wurde von einem vage empfundenen Zwiegespaltensein begleitet. Ich spürte, den Anforderungen, die sie an mich stellten, nicht gerecht werden zu können, obgleich ich sie gern erfüllt hätte, sah jedoch oft weder deren Sinn noch Notwendigkeit ein. Das elterliche Versagen bestand darin, so eine meiner Schlussfolgerungen im Rahmen meiner Psychotherapie, mich als Kind nicht konsequent genug dazu angehalten zu haben, die von ihnen aufgestellten Regeln zu befolgen, und für diese keine schlüssige Begründung gegeben zu haben.

Wird das Kind durch seine Eltern nicht anerkannt, entwickelt es Minderwertigkeitsgefühle. Daraus können Kompensationshandlungen und Reaktionen resultieren, die zur Ausprägung gerade der Persönlichkeitsmerkmale führen dürften, die unter bestimmten Bedingungen zur Entwicklung eines Tinnitus neigen. Mit anderen Worten: Eine nur scheinbare Entscheidungsfreiheit des Kindes, das sich im Grunde seiner Seele schuldig fühlt, weil es die Regeln nicht beachtet, schlägt um in zwanghafte Handlungen und Selbsteinschätzungen, in ichbezogene Interaktionen, deren Vordergründigkeit dem Heranwachsenden und späteren Erwachsenen zwar zunehmend bewusst wird, ohne allerdings aus eigener Kraft dagegen angehen zu können.

Dann, viel später: Die Klauen des Alltagstrotts haben mich im Griff, grundsätzliche Überlegungen im Sinne einer Ich-Analyse, die zu einem Umdenken führen könnten, sind mühsam und könnten, so meine damalige Überlegung, Rang und Ansehen im gesellschaftlichen Kontext infrage stellen. Wie wäre auch den anderen, so mutmaße ich, klarzumachen, ich sei nicht der, den sie zu kennen glauben, der Angepasste, Beflissene, der um der Karriere willen meinte Zugeständnisse machen zu müssen, halbherzige Kompromisse, die meiner eigentlichen, ursprünglichen Person kontraproduktiv gegenüberstehen.

Das Maß der Mitte als Ideal einem derart freiheitsliebenden, Unabhängigkeit als Lebensmaxime ansehenden Menschen verständlich zu machen, kann nur dann gelingen, wenn die angestrebten Ziele authentisch vorgelebt werden und den zu Erziehenden auf diese Weise überzeugen. Es ist nicht auszuschließen, dass eine gezielt angestrebte Unterordnung, die auf Einsicht beruht, mehr zu einem gesunden Selbstwertgefühl beiträgt als wohlwollendes Gewährenlassen. Unverhältnismäßig praktizierte Freizügigkeit am falschen Platz verhindert die Ausbildung menschlicher Konturen, Ecken und Kanten – Attribute, die während der Pubertät jedem Jugendlichen gut zu Gesicht ständen und die Neigung zu Ersatzhandlungen abschwächten.

Liebe gepaart mit Konsequenz, Strenge da, wo sie angebracht scheint, Milde und Nachsicht, wo die Autorität der Eltern nicht gefährdet gewesen wäre, diese Vorgehensweise hätte mir mutmaßlich eine Formung in Kindheit und Jugend ermöglicht, die mir spätere Kompensationsbestrebungen und Persönlichkeitsdefizite erspart hätte. Aber, es ist, wie es ist – der Macht des Faktischen ist Tribut zu zollen. Das bleibt festzuhalten, und es hieße den Bogen überspannen, wollte man eine fehlgesteuerte Erziehung als *alleinige* Ursache für die spätere Entstehung eines Tinnitus verantwortlich machen.

Indes, die Lebensgeschichten von Personen mit Ohrgeräuschen ähneln sich verblüffend in den Grundelementen, unter Berücksichtigung individueller Umstände. Durch meine eigene Leidensgeschichte sensibilisiert, konnte ich als Arzt die betroffenen Patienten von vornherein gezielter, sozusagen »wissender« befragen als jemand, der das Symptom an sich selbst nicht kennen würde. Ein Therapeut und ehemals Betroffener in einer

Person scheint zur kausalen Beurteilung der Symptomatik für Tinnitus-Leidende entscheidende Vorteile aufzuweisen.

Ein halbes Jahr nach Beginn meiner Psychotherapie thematisierte ich, vom Therapeuten sanft, aber bestimmt gelenkt, meine Jahrzehnte zurückliegende Vergangenheit. Meine letzten Schuljahre waren geprägt von einem zuweilen verzweifelt anmutenden Festhalten an meiner Jugendliebe – und an Fluchtgedanken. Kopf und Herz schienen nicht präsent im Unterricht, ein unbestimmbares Gefühl drängte mich nach draußen, ohne dass ich hätte benennen können, was und wohin ich wollte.

Orientierungs- und weitgehend meinungslos erlebte ich den Übergang von der Schul- zur Studienzeit. Medizin sei zu studieren, bestimmte der Vater kategorisch, teils aus Nützlichkeitserwägungen in ökonomischer Hinsicht, teils aufgrund der mutmaßlich zu erwartenden sozialen Achtung, die dem Beruf des Arztes zuerkannt wird. Ich selbst, dem es an eigenen, authentischen Lebensplanvorstellungen mangelte, akzeptierte, wenn auch halbherzig, zähneknirschend. Seltsam, oder nein, für mich und meine Konstellation typisch, wieder ist es ein zunächst meinem Selbst widerstrebender Entschluss, der mir als herausragend erinnerungswürdig aufscheint. Immer wieder gerate ich in diesen Zwiespalt, der mein Leben in nahezu allen Bereichen mitbestimmt: einerseits Unterwürfigkeit, um Außenbestätigung, Anerkennung durch Dritte zu erlangen, da eine befriedigende Identifikation mit meiner eigenen Person nicht besteht, und andererseits eine blinde, über eine lange Zeit in mir angestaute Wut über das Unvermögen, das eigene Ich als autark, als solches überhaupt anzuerkennen und damit wertschätzen zu können. Dieser Zwiespalt fördert eine wachsende innere Anspannung.

Junge Ehe

Diese Verfassung meines Ich brachte ich nun in die junge Ehe ein, deren wesentliche Essenz in der starken physischen Anziehungskraft bestand; Seelenverwandtschaft und gemeinsame künstlerische und literarische Interessen spielten allerdings auch eine gewichtige Rolle. Meine latente Unsicherheit kompensierte ich durch betont forsches Auftreten der Partnerin gegenüber, im Laufe der nächsten Jahre entwickelte sich bei ihr neben ihrem Gefühl, in der Ehe zu kurz zu kommen, ein Rückzugsverhalten, das ich wiederum als Frigidität und Verachtung verbal maßregelte und unter dem ich litt. Der bei beiden existente Wunsch, diese allmählich wachsende Entfremdung durch Aussprachen wenigstens zu benennen, wenn nicht gar aufzuarbeiten, wurde unterdrückt. Von meiner Seite geschah dies aus einer panischen Angst heraus, es könne zu einer Trennung kommen, die mir als existenzgefährdend erschien, da ich das Alleinsein nicht glaubte aushalten zu können, was mit meiner Unselbstständigkeit zwar erklärt, aber nicht entschuldigt werden konnte.

Wenn Tragik die Unausweichlichkeit von Gegensätzen ist, wie Goethe sagt, könnte man diese Feststellung beinahe zu einem wichtigen Merkmal unserer Beziehung erklären. Aufgrund häufiger Praxisvertretungen, meist mehr oder weniger weit vom Wohnort entfernt, flüchtete ich gewissermaßen vor dem sich anbahnenden Konflikt, so häufig es ihm im Rahmen meiner medizinisch-klinischen Ausbildung möglich war. Scheinbar ungerührt und gedankenlos ging ich über Anzeichen hinweg, die auf Zeichen der physischen Abwendung von mir wiesen. Ihre mir vom heutigen Standpunkt aus verständliche Zurückweisung meiner Person im körperlichen und geistigen Bereich verstörte mich. Eine Mischung aus Wut, Trauer und Kränkung lähmte meinen Willen, meine Gefühlswelt wurde von Rachegedanken beherrscht. Eine dem Anlass gemäße Reaktion – innezuhalten, Bilanz zu ziehen, nach Gründen für das Vorgefallene zu suchen – fiel mir nicht ein.

Konsequenzen hinsichtlich unseres Ehekontrakts ergaben sich aus dieser sich entwickelnden Abkehr voneinander ebenso wenig wie für die dringend notwendige Arbeit an der Differenzierung der Persönlichkeit. Wir lebten nach außen hin, trotz unverarbeiteter Kränkungen und Aggressionen, weiter wie bisher. Meine Fantasien beschäftigen sich mit Wünschen nach physisch ausschweifenden Exzessen, wiederum mangelt es mir an Entschlusskraft zur Umsetzung in die Realität. Auch die verzweifelte Sehnsucht nach der Zärtlichkeit meiner Frau lässt Nebenwege nicht zu. Meine im Laufe der nächsten Monate erfolgenden Wiederannäherungsversuche erschienen plump, wohl auch ohne innere Überzeugung, ein vorgegebenes Gefühl wurde von meiner Frau ohne weiteres als solches entlarvt. Ich entwarf Rückzugs- und Trennungspläne, die jedoch blasse Theorie blieben. Die Tatsache, dass ich von meiner Partnerin und von den Umständen an sich abhängig war, verhinderte die praktische Durchführung meines Vorhabens.

»Die Liebe beginnt zu zweit«, formulierte mahnend der Therapeut, bei dem wir wenig später als Paar psychotherapeutische Nachhilfestunden nehmen. Wir aber waren zu zweit allein. Ich empfand die Bemühungen und Hinwendungen meiner Frau mir gegenüber oft als grundsätzlich verächtlich, herablassend und distanzierend, mich damit demütigend und demotivierend. Offenbar konnte sie mit meiner ungeschickten Art der Annäherung, entstanden aus meiner Unsicherheit heraus und dem Gefühl, nur nichts falsch machen zu wollen, nichts anfangen. Meine psychische Labilität ließ es nicht zu, die einmal gefasste Meinung über das Verhalten meiner Frau als mögliche Fehlinterpretation aufzufassen. Es steht dahin, ob es fehlender Mut oder die Unfähigkeit zur Kommunikation war, die eine Klärung unseres Verhältnisses verhinderte. In mir setzte sich der Gedanke fest, sie sehne sich nach einem starken Mann an ihrer Seite, einem Beschützertyp, der aber in den ihr wichtigen Dingen des Lebens ihre Meinung vertrat, zumindest akzeptierte – Bedingungen, die ich offenbar nicht erfüllen konnte.

Uns beiden fehlte eine Reifungszeit für uns allein ohne den gegenwärtigen Partner, zu früh hatten wir uns aneinander gekettet. So verfestigten sich unsere Fehler, wir projizierten sie zum größten Teil und zu häufig auf den anderen. Diese fatale Paarsituation spitzte sich im Laufe der Zeit eher noch zu, zumindest nach unserem Empfinden, das allerdings größtenteils ins Unterbewusstsein abglitt; nur sporadisch begehrte mal die eine, mal der andere auf, die äußeren Bedingungen schienen vieles auszugleichen und zuzudecken: Die mehr als hinreichenden ökonomischen Verhältnisse, die Entwicklung unserer zu kaum einer Klage Anlass gebenden Kinder, das soziale Ansehen, das die Familie genoss, all das imponierte beim oberflächlichen Hinsehen und ließ Freunde, Verwandte und Bekannte nichts von der Seelenqual der in tragischer Unvereinbarkeit aneinander gefesselten Partner erkennen. Wir konnten nicht mit-, aber auch nicht ohne einander, die Erkenntnis, dass Liebe nicht nur aus körperlicher Attraktivität besteht, die Ehe nicht nur eine Zweckgemeinschaft darstellt und die Erfüllung gegenseitiger Verpflichtungen mit Leib und Seele erfolgen sollte, drang nicht in unser Bewusstsein vor.

Insbesondere ich erkannte nicht, dass sich das Leben auch als ernsthaft, beschwerlich, mühevoll darstellen konnte, ja, musste, Attribute, die unbedingt dazugehörten, hatte ich doch bis dahin kaum eigenverantwortlich und zielgerichtet selbstständig gehandelt beziehungsweise handeln dürfen. Es wirkte die latente Ambivalenz des Unfertigen, des Abhängigen in mir, dem man nichts zutraute, aber doch vieles abverlangte, den man von elterlicher Seite für begabt und für etwas Besonderes hielt. Wie von schwerer Last befreit wirkten wir beiden, so Augenzeugen, wenn wir uns jeweils allein in Gesellschaft bewegten, entspannt und gelöst, dokumentiert in unserer Physiognomie, unserer Ausstrahlung und unserem Auftreten. Es kam allerdings sofort Sehnsucht auf, wenn wir eine Zeit lang voneinander getrennt waren, sofern diese Distanz nicht aus einem Streit heraus erfolgte. Selbst gute Freunde vermochten nicht, unsere Not zu erkennen, konnten keine Hilfestellung geben hinsichtlich einer Klärung unserer Paarbeziehung, die zu mehr individueller Kontur geführt hätte, mutmaßlich auch zur Vermeidung vieler noch vor uns liegender Differenzen.

Es scheint, als ob die – durchaus verständliche – Angst vor unerwünschten Folgen der gemeinsamen Reflexion verhindert, sowohl sich selbst als auch den anderen unverstellt im Licht der Erkenntnis zu sehen. Das Ausweichen, Projizieren und Vertuschen mag man als allzu »menschlich verständlich« einstufen, die Paarbeziehung wird so jedoch als nicht geglückt betrachtet werden können. Intuitiv weiß man das, die Gesprächsarbeit, die im Idealfall täglich mit dem Partner zu leisten wäre, wird häufig vermieden. Es hilft keine Ausrede, es hilft kein Ausweichen, nur stetiger Dialog mit der Partnerin/dem Partner führt zur gegenseitigen Zufriedenheit.

Die Ausgangslage gestaltete sich in jenen Jahren mehr und mehr ungünstig für mich. So eindeutig, zupackend, geradlinig und überzeugend ich meinen Beruf ausübte, so zögerlich, nachgebend, kompensatorisch jähzornig und ungerecht verhielt ich mich im familiären Bereich. Dieser mir meist unbewusste Zwiespalt höhlte meine inneren Kräfte allmählich aus, was sich physisch durch eine mir damals nicht erklärliche Müdigkeit, Inaktivität und Desinteresse an außerberuflichen Aktivitäten bemerkbar machte. Offensichtlich spiegelte auch mein Aussehen diese steigenden psychischen Anspannungen wider. Menschen, die mich häufiger sahen, sprachen mich auf mögliche Erkrankungen an, was ich, beinahe entrüstet, von mir wies. Es scheint vorderhand nicht schlüssig erklärbar, welchen Leidensdruck Menschen zu ertragen imstande sind, ehe sie sich entschließen, Gegenmaßnahmen zu ergreifen.

Dass psychische Defizite dabei gegenüber körperlichen Gebrechen noch immer zögerlich und sehr spät therapeutisch oder überhaupt erst einmal diagnostisch angegangen werden, ist empirisch nachweisbar. Die im Dunkeln sieht man nicht, könnte man mit Brecht sagen. Die verborgenen Leiden erschließen sich zunächst weder dem Leidenden noch dem Therapeuten im Gegensatz zu den meisten körperlichen Symptomatiken. Bis vor wenigen Jahren wurde der Tinnitus noch nicht unter kausal erklärbaren somatoformen[4] Phänomenen eingeordnet, was mithin häufig kuriosen, wenig erfolgreichen Behandlungsmöglichkeiten Tür und Tor öffnete. Darüber hinaus wurde das Verhalten dieser Patientengruppe sowohl seitens der Ärzte als auch der Mitmenschen für, vorsichtig ausgedrückt, etwas »seltsam« ge-

4 Körperliche Erscheinungsform ohne Nachweis einer krankhaften organischen Veränderung.

halten – konnte man doch das Phänomen weder hören oder sehen noch objektiv abbilden und nachweisen.

Trotz meiner von Beginn meiner Berufslaufbahn an bestehenden Empathie neigte auch ich zu dieser Haltung gegenüber Tinnituspatienten, überdies konnte ich mir nicht vorstellen, von dieser Symptomatik irgendwann selbst betroffen zu sein, eben weil die Vermutung eines psychischen Zusammenhangs hier und dort lediglich am Rande in Betracht gezogen wurde. Als gerade dieses Ereignis mich dann später ohne Vorboten überfiel, hätte ich durch gezielte Selbstbeobachtung zu Resultaten gelangen können, die ich mir erst nach beinahe vierjähriger Leidenszeit und hart am Rande des psychischen und physischen Bankrotts erarbeiten musste. »Es ist nicht zu wenig Zeit, die wir haben, es ist zu viel Zeit, die wir nicht nützen«, meinte der römische Philosoph Seneca.

Das Schreiben als Selbstanalayse

»Nulla dies sine linea«[5], an manchen Tagen stellt diese Anforderung für mich eine nahezu uneinlösbare Herausforderung dar, Hilfe kommt dann meist trotzdem aus mir selbst, da die Disziplinierung zum Schreiben Aktivitäten weckt, die konsequent die volle Aufmerksamkeit produziert. Selbstbeobachtung während des Schreibens führt über kurz oder lang zu einer tief empfundenen Ehrlichkeit sich selbst gegenüber. Überdies ist Papier zwar geduldig, aber auch unerbittlich. Im Gespräch wird leicht eine Erinnerung verklärt, geschönt – schriftlich fixiert wird die Lüge unmittelbar, im Sinne des Wortes schwarz auf weiß dokumentiert. Wenn die Liebe das Kind der Freiheit ist, könnte man die Lüge als das Kind der Feigheit bezeichnen. Der Prozess des Schreibens sollte Lügen entlarven, stellen sie doch im Grunde nur eine Möglichkeit zum Aufschub dar, sich selbst gegenüber die Wahrheit zu sagen. Irgendwann feststellen

5 »Kein Tag ohne einen Strich« soll der Grundsatz des antiken griechischen Malers Apelles gewesen sein.

zu können, die Wahrheit gesucht und gefunden zu haben, vorbehalts- und schonungslos gegenüber dem eigenen Ich, löst ein selten erlebtes Glücksgefühl aus. Dem Gelingen dieser Wahrheitsfindung muss man vertrauen können, um den Sieg gegen die Feigheit vor dem Leben zumindest teilweise zu erringen. Bewusstes Leben bedeutet eben vor allem die Verpflichtung zur unbedingten Ehrlichkeit sich selbst und den anderen gegenüber. Kompromisse muss man im Zwiegespräch mit sich selbst ausmachen, sie erst nach reiflicher Prüfung akzeptieren. Erschwerend ist sicher, dass diese »positiv egoistischen Aktivitäten« oft überdeckt werden vom Kampf ums Überleben, der Jagd nach ökonomischem Glück, nach sozialer Anerkennung und vom Machtstreben in zwischenmenschlichen Beziehungen. Der Soziologe Heinrich Popitz schreibt, dass »die Anerkennung durch andere für den psychisch Gebundenen zum Faden wird, an dem sein Selbstwertgefühl zur Gänze hängt«.[6] Popitz' Aussage stützt die Überlegung, sich von den vorgenannten Faktoren, wenn nicht vollständig, so doch weitestgehend und im Laufe des Lebens mehr und mehr unabhängig zu machen. Das verspricht die Erfüllung einer Sehnsucht, die viele in sich tragen: *Frei zu sein, unabhängig und in erster Linie seinem Selbst verpflichtet.* Dies muss sich vor allem der an Tinnitus Leidende immer wieder bewusst machen; genau diesen Weg wird er gehen müssen, um sich vom Geräusch befreien zu können, es nicht mehr hören zu müssen.

Wenn Schreiben also Selbstanalyse sein kann, die zu Selbsterkenntnis und Befreiung führt, warum schreibt dann nicht jeder Mensch? Ist die Einsicht in die Notwendigkeit, die allerdings eine tägliche Arbeit und auch Mühsal bedeuten kann, von geistiger Gewandtheit abhängig? Doch wohl eher nicht! Mit anderen Worten, wie kann ich den Einzelnen dazu motivieren, diesen Prozess als notwendig für sein Seelenheil anzusehen? Als wichtiger Eckpfeiler in der Tinnitustherapie hat sich der Vorschlag des Therapeuten an den Patienten entwickelt, ein *Tagesresümee* und darüber hinaus all das, was ihn aktuell umtreibt,

6 Aus: »Soziale Normen«. Frankfurt a. M., Suhrkamp Verlag, 2006.

aufzuschreiben, um die geleistete Seelenarbeit jederzeit wieder aufrufen zu können.

Es scheint vielerlei Gelegenheiten im Laufe des Lebens zu geben, die aufrüttelnd genug auf das Bewusstsein einwirken, Ereignisse, die nach Rückbesinnung geradezu schreien. Eines davon, dessen war ich gewiss, stellt das Phänomen des Tinnitus als akustisches Signal dar. Ein Hilferuf der Seele, der, wird er hinreichend beachtet, nicht ein Fluch bleiben muss, sondern eine Zäsur für den Betroffenen darstellt oder zumindest bewirken kann, die bisherige Lebensführung infrage zu stellen. Während meiner Therapie lernte ich neue Seiten an mir kennen und Dinge um mich herum mit gänzlich anderen Augen zu sehen. Werte verschoben sich, Vorurteile wurden abgebaut, Perspektiven gewonnen, Toleranzgrenzen erweitert und der Begriff des Verzeihens neu definiert. Die Ergebnisse dieser Psychodynamik bündelte ich später unter dem Begriff der Demut, vor allem gegenüber der scheinbar schlichten Tatsache, am Leben sein zu dürfen. *Betrachte es als ein Verdienst, diesem Leben dankbar zu sein, dir wird bewusst, dass du existierst, warte nicht auf das Ende.* Das Hier und Heute gewinnt eine völlig andere Bedeutung, die Wertekoordinaten verschieben sich in ungeahnter Weise.

Haben Sie Mut, liebe Leserin, lieber Leser, stellen Sie sich regelmäßig neben sich, betrachten und beobachten Sie sich, hören Sie auf Ihre innere Stimme, sie weiß am besten, was Ihnen nützt!

Inneres Zwiegespräch

Wenige Monate nach Beginn meiner Therapie ging ich nach Ende einer Sitzung zu Fuß zum wöchentlichen Bridgespielen. Zielgerichtet, wie ich oft dachte und handelte, hatte ich meine Termine auch diesmal koordiniert. Es war ein sanfter, lauer Sommerabend, wie fast immer ging mir die vergangene Stunde durch Kopf und Herz, meiner Gewohnheit gemäß nahm ich den immer gleichen Weg, so, wie ich auch den Tagesablauf minutiös ritualisiert hatte. Als ich unvermittelt aufsah, bemerkte ich in einiger Entfernung vor mir einen Mann, der mir auf den ersten Blick in Figur und Habitus stark zu ähneln schien. Auch der Gang glich dem meinen. Unwillkürlich bemühte ich mich, diesen Mann vor mir zu erkennen, verfügte ich doch über die Eigenschaft, Personen von ihrer Rückansicht auch aus größeren Entfernungen unter »erkannt« einzuordnen, so, wie ich mir auch leicht Telefonnummern und Autokennzeichen merken konnte. Als sich der vor mir Gehende unvermittelt umwandte, erschrak ich, mein Schritt stockte: Eine für mich unfassbare Ähnlichkeit mit mir selbst bot sich meinen Augen dar, wie gelähmt starrte ich nach vorne, wenige Sekunden später verschwand der Mann um eine Hausecke, meine Versuche, ihn noch einzuholen, schlugen fehl.

Diese Begegnung ging mir nicht mehr aus dem Sinn, wirre Träume, in denen ich mich als Doppelgänger in diversen Verkleidungen sah, quälten mich mehr, als ich wahrhaben wollte. Was hatte es auf sich mit dem Anderen, dem Doppelgänger, dem zweiten Ich?

Der jährliche Sommerurlaub stand an, auch dieser wurde nach den Prinzipien des Rituals geplant, man fuhr stets auf dieselbe Nordseeinsel, was aufgrund der Tatsache, dass dort auf uns eine eigene Ferienwohnung wartete, auch verständlich schien. Man kam an und war zu Hause, die vertrauten Freunde und Wege, die bekannte Umgebung. Nach ein, zwei Tagen hatte man sich eingelebt und der Ferienalltag begann. Ich schien mich dieser Idylle willenlos zu ergeben, blieb mir doch angesichts der eindeutigen Präferenz meiner Frau für die Insel und einer fehlenden Alternative meinerseits offensichtlich nichts anderes übrig. Überdies verdrängte ich aufkeimende Abwehrgefühle gegen immer gleich ablaufende Rituale mit dem Gedanken an geschuldete Dankbarkeit gegenüber den Umständen, die mich in eine Lage versetzten, die sich viele nur in ihren Träumen vorstellen konnten. Da war sie wieder, die Anpassung an den vorgeformten, mir von außen aufgezwungenen Ablauf des Lebensrhythmus, dem ich, wenn auch halbherzig, zustimmte. Täglich, irgendwann, t auchte der »Andere« vor meinem geistigen Auge auf.

Immer wieder kommt mir die Begegnung mit dem vermeintlichen Doppelgänger in den Sinn. Eine seltsame Sehnsucht erfasst mich dann. Ich erinnere mich, schon als Kind den Wunsch nach einem Alter Ego verspürt zu haben, in meinen Tagträumen unternahm ich mit meinem imaginären Zwilling Abenteuer, deren Faszination und Gefühlstiefe sich aus der Existenz des Anderen erschloss. Immer dann, wenn ich den Anderen, den »Sich« sah, nicht nur im Traum, auch während eines Arbeitstages, an Wochenenden, einmal auch durch das Fenster einer Kneipe, zu Hause; irgendwann einmal entspannt im Sessel sitzend, aus halb geschlossenen Lidern Umrisse nur verschwommen und doch vertraut erkennend, schien er vor mir zu stehen, ganz nah und doch so weit entfernt, so fremd. Er strahlte eine lässige Überlegenheit aus, seinen Habitus hätte ich gern nachgeahmt, mir angeeignet. Fehlte nur noch, dass er mich anredete, ein Thema wählte, dessen Erörterung ich offenbar mit allen Kräften zu vermeiden suchte, nämlich über mein Ohrgeräusch zu sprechen. Es kam, wie ich befürchtet hatte: »Das sei doch ein Problem«, wirft der ein, »das man in den Griff bekommen könne, und überhaupt, er (ich), der doch sonst über alles, zumindest das meiste, den Überblick habe, Souveränität ausstrahle, warum gerade er (ich), oder sei er (ich) hier ein ganz anderer, gaukle er (ich) die offensichtliche Überlegenheit vor, lenke ab, um sein kleines schutzbedürftiges verletzliches Ich vor der Umwelt zu schützen. Nur der, der sich seiner sicher sei, der auch mit seinen dunklen, unvollkommenen Seiten zu leben gelernt habe, könne doch nur darüber lachen, wenn die anderen diese Diskrepanz zwischen innerem Status und äußerem Erscheinungsbild auf- und entdeckten.« Dieser Idiot, dachte ich, wütend über dessen arrogante Sprüche, der mich zudem in meinem Musikgenuss jäh gestört hatte. Aber, maßte ich mir nicht auch auf diesem Gebiet Kenntnisse an, die nicht wirklich fundiert waren, aber durchaus den Eindruck vermitteln sollten, ich sei, zumindest theoretisch, ein Musikkenner?

»Je mehr du dich in deiner Aufschneiderei verhedderst, je höher du deine Messlatte legst, umso schwerer wird es dir fallen, vom Sockel wieder herunterzusteigen, wenn dir der Mahner namens Wahrhaftigkeit nahe tritt.« Mit Nachdruck hatte er, der Andere, lässig vor mir stehend, diese Sätze langsam und deutlich, wie man es einem unwissenden Kinde gegenüber tut, zugeflüstert, ungefragt, während mein von mir geliebter 2. Satz des 5. Klavierkonzerts von Beethoven wie Hintergrundmusik verklang. Ich bemerkte ein Ziehen in Schultern und Oberschenkeln als körperliche Entsprechung meiner inneren Abwehr und Anspannung, Zeichen dafür, dass die Worte dieses mir derart Überlegenen mich im Grunde meines Herzens getroffen hatten, punktgenau, zielsicher. Das Brummen, mein ständiger Begleiter, stimmte dem offenbar ebenfalls zu, wurde um mehr als Nuancen lauter, schriller, signifikanter Ausdruck meines angespannten psychischen Zustands.

Als ich meiner Frau von der »Begegnung« mit dem Anderen berichtete, tat sie das mit den Worten ab, Ähnlichkeiten könnten immer wieder vorkommen, ich sei durch meine seit langem anhaltende Symptomatik überreizt und so weiter. Ich wollte über diese Ereignisse, die mich mehr bewegten, als ich mir zugestand, nicht mehr sprechen. Ich sinnierte, fragte mich, was mich an diesen Begegnungen faszinierte und gleichzeitig verstörte, ich registrierte, dass der seit der Kindheit fantasierte Wunsch nach einem Alter Ego nicht allein die gegenwärtige Sehnsucht widerspiegelte. Meine These über die vermeintlichen Zusammenhänge entwickelte ich allmählich und nach eingehender Zwiesprache mit mir selbst. Ich glaube, dass eine Konstellation des Sich-neben-sich-Stellens erlaubt, Handlungen, Gedankengänge und Lebensplanungen besser überprüfen zu können, um so die subjektive Irrtumswahrscheinlichkeit herabzusetzen; man könnte dadurch eine Nachbetrachtung des Alltags vermeiden, will sagen, Vorabdeutung ist oft konstruktiver als Analyse des bereits Geschehenen. Ich stellte mir vor, meinen Doppelgänger zukünftig zum Ideal, zum virtuellen Gesprächspartner zu stilisieren, auf diese Weise unabhängiger zu werden von der Einschätzung und Beurteilung Dritter.

Zunächst lasse ich in der Therapie von meinen Vorstellungen nichts verlautbaren. Als ich mich dann doch entschließe, meine Doppelgängersehnsucht zu offenbaren, ist der Therapeut keineswegs, wie ich befürchtet hatte, überrascht oder gar im Kommentar herablassend. Seine punktuell gesetzten Einlassungen wirkten wie ein Katalysator auf meine selbstanalytischen Bemühungen. Bin ich das oder bist du es? Kann ich künftig meine Identität akzeptieren, letztlich so, wie sie ist, oder bedarf sie einiger wesentlicher Korrekturen, um die bestehenden Defizitgefühle auszuräumen? Es erschreckte mich zunächst, dass ich unbewusste Ablenkungen vom Wesentlichen aufgrund einer jahrelang mit mir getragenen Ablehnung der tatsächlichen Gegebenheiten auf einen mir ähnlichen Anderen projizierte, hatte ich doch romantisch verklärte Vorstellungen über dieses potenzielle zweite Ich gehegt. Die dann akzeptierte Einsicht vermittelte mir zudem ein Gefühl des endgültigen Abschieds von Kindheit und Jugend. Ich erkannte, mit den als essenziell anzusehenden Problemen allein fertig werden zu müssen und vor allem zu können, ehe ich die Hilfe anderer in Anspruch nahm. Unabhängigkeit beinhaltet immer ein gewisses Maß an Einsamkeit, wenn nicht gar ausgeprägte Eigensucht, allerdings steht dem das Gefühl der inneren Freiheit gegenüber. »Ich fürchte nichts, ich erwarte nichts, ich bin frei«, das Lebensmotto des Griechen Kazantzakis kam mir in jener Therapiestunde in den Sinn.

Und dann, trotz allen Fortschritts, trotz der guten Vorsätze, die ich im Alltag umsetzen wollte, gab es Rückschläge. Missempfindungen seitens meines Hörorgans, plötzlich auftretend, ohne Vorzeichen, zunächst für mich unerklärlich, darum umso niederdrückender, so, als ob es bis dahin keine Einsichten und Konsequenzen in Ursache und Wirkung meiner Innenohrsymptomatik gegeben hätte. Panik wie beim ersten Mal, Hilflosigkeit, mit Trauer vermischt, Versagensängste, gepaart mit der deprimierenden Empfindung, dass ich meinen Patienten, die in ein solches Dilemma geraten, souverän distanziert und doch empathisch Ratschläge erteile, die ich, verstrickt in die eigene Befindlichkeit, selbst nur unzureichend bereit war zu befolgen. Eine Ambivalenzsituation, die mich vorübergehend inaktiviert, lähmt, mich erneut an den Rand meiner Existenz verschlägt, mich gar veranlasst, in einer Mischung aus Selbstmitleid und Abschiedsbereitschaft meinen Nachruf zu Lebzeiten zu verfassen:

So hatten sie ihn gekannt, so blieb er auch in ihrer Erinnerung. Das Vergangene war nicht tot, es war nicht einmal vergangen, aber was hatte er sich dabei gedacht, sie allein zu lassen, gerade jetzt, wo an allen Fronten Einigkeit herrschte, der Klang der Zeit wohltönend ihr Ohr umschmeichelte, sie die Ernte einfahren wollten. Ein Leben lang gesät, die Keime Tag und Nacht behütet, Schaden von ihnen abgewendet, eher Entbehrungen für sich selbst als für das Gepflanzte in Kauf genommen, sich mit einer Unbedingtheit für den anderen eingesetzt, dass bloßes Erstaunen über diesen Umstand bereits schönfärberisch schien. Und nun das, er hatte immer davor gewarnt, übermütig zu werden, die Bäume wüchsen nicht in den Himmel, wieso aber gerade er? Dieser scheinbar gesunde Geist im gesunden Körper, der im Großen und Ganzen dem Allgemeinplatz, man werde im Laufe der Jahre weiser, klüger, bescheidener, zugewandter, als Beispiel gedient hatte. Ein Gutmensch, nein, letztlich ein guter Mensch. Und die Kehrseite der Hymne? Wussten sie um die ihm unerklärliche Zerrissenheit, die namenlose Sehnsucht, deren Ziel ihm irgendwie bekannt, aber nur in Träumen sich zu offenbaren schien? Die Hoffnung, als ein ganz anderer anderswo ganz anders zu leben, zu lieben. Die Verzweiflung über die Erkenntnis, dass eine Verwirklichung seiner Wünsche aufgrund seiner rationalen Einsicht außerhalb jeglicher Möglichkeit anzusiedeln sei. So hatten sie ihn geschätzt, den Charme seiner sublimierten Trauer, dieses große Dennoch, dessen Geheimnis sie nicht zu ergründen vermochten. Nun hatte er es mitgenommen, ihnen blieben die Bilder des Gestus, des Habitus, seine ernsten Gesichtszüge. Was am Ende bleibt: Er war kein Vorbild, er war einer von ihnen, mittendrin, nur physisch weit weg. Schließ die Augen, hol ihn wieder heraus, bittersüß, schade, so ist das Leben. So schnell ging es, so gerade eben konnte er noch den Wunsch äußern, ihm ein ganz bestimmtes, ein besonderes Lied zu singen, er körperlich weit weg und seelisch hoffentlich ganz nah, nicht mehr mit ihm gemeinsam, aber immerhin:

»Bist du bei mir, geh ich in Freuden
zum Sterben und zu meiner Ruh
Ach, wie vergnügt wär so mein Ende,
es drückten deine lieben Hände
mir die getreuen Augen zu!«[7]

So etwas gefällt mir, ich kann mir darin gefallen, von eigener Hand Wohlwollendes über mich zu lesen. Später schüttele ich zwar darüber ein wenig den Kopf, lasse es aber stehen als Momentaufnahme meiner Befindlichkeit. Trotz allem, ich ergreife Maßnahmen, wehre mich nicht, wie früher oft geschehen, gegen die Anteilnahme meiner Frau und meiner Freunde, die eingebunden werden, um mir neben der Therapie stützend zur Seite zu stehen. Ich lasse es zu, öfter als bei früheren Ereignissen dem Geschehen mit offenem Visier zu begegnen, den Kampf gegen die Missempfindungen weiterzuführen im Sinne einer Selbstanalyse und deren möglicher Konsequenzen. Nach weniger als 24 Therapiestunden hört der Druck aufs Ohr auf, ebenso die Dysakusis (Fremdhören) und das Brummen – ich habe mich wieder im Griff. Hier wird eine grundsätzliche positive Entwicklung dokumentiert: Die Symptomatik verschwindet durch die von mir selbst aktiv durchgeführte Bestandsaufnahme meines seelischen Zustands. Mein Kleinmut wandelt sich in Demut, wohl nicht zufällig findet am Abend des Tages, an dem wieder einmal Ruhe im Kopf ist, ein »Thomasgottesdienst« statt, eine Kirchenfeier für die Ungläubigen, die unter das Motto »Das Leben ist schön« gestellt ist. Ich sehe darin ein Zeichen, eine Bekräftigung meiner Strategie, dass innere Entwicklung notwendig ist, und meiner nach und nach sich einstellenden Überzeugung, dass immaterielle Werte mehr zur Zufriedenheit beitragen können als Gut und Geld.

Allerdings fällt mir die praktische Richtungsänderung dieser Überzeugungen nicht leicht. Aus einem Elternhaus stammend, für das soziale Bedeutung mit finanziellem Wohlstand einhergeht, habe ich mir diesen Grundsatz zu eigen gemacht

7 Aus dem Notenbüchlein für Anna Magdalena Bach.

und mein bisheriges Leben danach ausgerichtet, das durch die Reaktion meines Umfeldes bestätigt worden ist. Mich allmählich aus diesen zementierten Verhältnissen zu lösen und abzukoppeln fiel mir umso schwerer, als ich in und mit einer Gesellschaft lebte, die von Jahr zu Jahr materialistischer zu werden drohte. Gegen den Zeitgeist zu schwimmen würde mir dann möglicherweise als ewig gestrig, als rückwärts gewandt und esoterisch ausgelegt werden können. Ein Sonderling, elitär, weil scheinbar abgehoben, ein sozialer Snob. All das war mir bewusst, mutmaßlich sah ich auch dieses Ergebnis voraus, deshalb behielt ich derlei Überlegungen und Überzeugungen für mich. Zuweilen hielt ich mich tatsächlich für überlegen, glaubte ich doch, an der Vorgehensweise und der Reflexion anderer und in der Interaktion Defizite an ihnen zu erkennen, die ich bei mir so nicht oder nicht mehr beobachtete. Immer weniger Menschen schienen mir wert und wichtig genug zu sein, mich einerseits mit ihnen einzulassen und andererseits deren Urteil oder Meinung für erachtenswert zu halten. Die Beschäftigung mit mir selbst, ausgelöst durch meinen Tinnitus, sowie die Arbeit mit dem Therapeuten verschafften mir in meinen Augen Vorteile gegenüber anderen – eine Einstellung, die nicht weit vom Hochmut entfernt ist, von Demut scheinbar keine Spur. Meine Vorstellungen zu bestimmten Themen, meine Vorschläge und Handlungsweisen wurden oft vorbehaltlos von dritter Seite bestätigt. Ich vergaß zuweilen, dass ich diesen Zustand nur durch die leidvolle Erfahrung meines Tinnitus erreicht hatte. Bescheidenheit nach erreichter innerer Selbstsicherheit wäre angemessener gewesen als eine – wenn auch durch soziale Empathie abgefederte – Arroganz der Überlegenheit. Noch schien ich offenbar nicht genügend geläutert, um eine Stufe der Erkenntnis zu erlangen, die es mir ermöglichte, auf den Einsatz mehr oder weniger manipulativer Machtmittel und Mechanismen zu verzichten, um meine Ziele zu erreichen. Es mag keinen umfassenden Altruismus geben, aber sich in vielen zwischenmenschlichen Bereichen natürlicher Selbstlosigkeit anzunähern, sollte zumindest erstrebenswertes Ziel sein.

So hatte ich unbeschadet der Gewissheit, mich in vielerlei Hinsicht gereift zu sehen, Vorstellungen von Lebenssituationen, die meinem »Gutmenschentum« zuwiderliefen. Anfangs wehrte ich mich gegen meine sexuellen Fantasien, von denen ich zunächst annahm, es handele sich um psychische Abartigkeiten. Die später unumgängliche Analyse zeigte mir nicht ausgelebte Sexualwünsche auf, derer ich mich nicht erwehren konnte und wollte. Meine Schuldgefühle verhinderten allerdings die Umsetzung dieser Vorstellungen in die Realität. Wieder einmal wurde mir überdies vor Augen geführt, dass die Auswirkungen meines in der Kindheit grundsätzlich und mehrfach gebrochenen Willens mich davon abhielten, meine Wünsche im Allgemeinen und im sexuellen Bereich im Besonderen mit meiner Frau zu bereden. Eine über Jahre angelernte Vermeidungsstrategie ermöglichte mir zwar vordergründig das Problem scheinbar konfliktfrei zu umgehen, die Übernahme durch das Unterbewusstsein provozierte jedoch auf längere Sicht Verdrängungsfantasien, die ich immer seltener mit meinen ursprünglichen Absichten zur Deckung bringen konnte. Solche Defizite werden auf längere Sicht besonders dann als störend empfunden, wenn sie, bewusst reflektiert, für das eigene Leben als wesentlicher negativer Bestandteil eingestuft werden. Die Dynamik der Verdrängung statt Verarbeitung dieser Defizite bedingt eine Verfestigung von Fehlentwicklungen, die oft auch durch therapeutische Hilfe zunächst nicht aufgehoben werden können.

Suche nach Identität

Meine Gedanken kreisten jetzt immer häufiger um die Frage, wie ein zufriedenstellendes Leben und Erleben in Übereinstimmung mit dem eigenen Ich, also in Identität, zu erreichen sei und inwieweit diese gedanklich im Voraus geplante innere Übereinstimmung das Glück verheißt, das für jeden erstrebenswert scheint. Es besteht ja durchaus die Möglichkeit, spontanes Handeln, unreflektierte, unbelastete Momente als weitaus beglückender zu erleben als die durch Vernunft gefilterte Lebensweise. Die tägliche Auseinandersetzung der Gefühlssphäre mit der Vernunftssphäre absorbiert immerhin elementare Kräfte – und Lebenszeit selbst. Wenn die Phasen, die mit der Verdrängung der Todesangst verbraucht werden, für spontane, innovative und kreative Ideen eingesetzt würden, wäre für die grundsätzliche Zufriedenheit viel gewonnen.

Mit jeder Therapiestunde fiel es mir leichter, mich im Dunkel meines Unterbewusstseins zurechtzufinden, mit anderen Worten: Ich lernte mich allmählich kennen. Vor allem aber vermochte ich schneller, meine normativen Handlungsweisen zu verstehen, zu akzeptieren oder zu revidieren. Oft kamen mir meine flüchtigen Erlebnisse mit dem Doppelgänger in den Sinn. Je identischer ich mich mit meinem Inneren empfand, umso weniger wichtig schien mir die Existenz eines gleichen Anderen notwendig zu werden. Selbstgenügsamkeit als eines der Lebensmotti, möglicherweise verbunden mit Selbstbeschränkung, das Wissen um die Begrenztheit des eigenen Seins, nicht das Aufgeben von Träumen und Wünschen, sondern eher deren rationale Zuordnung – dies alles erreichte ein Ausmaß, das mehr und mehr stabilisierend auf mich und meinen Tagesablauf wirkte.

Damals, in den ersten Tagen meiner Tätigkeit als Ausbildungsassistent in der Fachklinik, fühlte ich mich heimat- und hilflos, als ob fremde Mächte mich zu einer Sklavenarbeit verurteilt hätten. Ich versah meine Dienste, ich bemühte mich, den Patienten gerecht zu werden, war dem Personal gegenüber freundlich, eher untergeben gegenüber meinen Vorgesetzten, nur ich selbst war nicht anwesend, weder mit dem Herzen noch mit meinem Willen. Tag für Tag betrat ich die Klinik, das kalte Licht des Treppenhauses, der schwarzweiß geflieste Boden, das eiserne Treppengeländer, alles alt, abgegriffen, trostlos, der Weg zur Poliklinik vom Keller, wo sich die Assistenten aufzuhalten und umzuziehen pflegten, jedes Mal derselbe Weg, 16 Stufen, Pendeltür, die Behandlungsboxen – wie im Pferdestall, dachte ich. In der Regel mussten die Patienten mehrere Stunden warten, bis sie von den jungen und sich meist erst kurze Zeit in der Fachausbildung befindlichen Ärztinnen und Ärzten angesehen und behandelt wurden. Nicht, dass ich mich unsicher fühlte, meine theoretischen und praktischen medizinischen Kenntnisse wurden allgemein als solide eingeschätzt, auch für eine Universitätsklinik ausreichend. Was mir fehlte, war der Elan, den die Berufsanforderungen bei einem jüngeren Arzt auslösen sollten, die Begeisterung für die Tätigkeit an sich, die Hingabe an die ärztliche Kunst. Ich dagegen erfüllte, funktionierte, getreu bis zum Dienstschluss, handwerklich nicht ungeschickt, therapeutisch durchaus erfolgreich, aber ohne subjektives Erfolgserlebnis, ohne Befriedigung, kein Zurücklehnen, selbst Behandlungsergebnisse, die offensichtlich positiv zu bewerten waren, konnte ich für mich in meinem Inneren nicht als erfolgreich verbuchen. Meine Ansprüche an mich selbst forderten offenbar mehr, als ich leisten konnte.

Diese Mischung aus lustloser Pflichterfüllung und depressiver Grundstimmung strahlte in der Klinik weniger auf meine Umgebung als auf meine Frau und die Kinder ab. Ich war mir meiner gehäuften Unmutsäußerungen im privaten Bereich zwar bewusst, eine Deutung der Zusammenhänge konnte oder wollte mir jedoch nicht gelingen. Aufgrund der daraus resultierenden Labilität, diesem Zwiespalt, handelte ich oft reaktiv, lediglich von meiner Befindlichkeit bestimmt, meine Vorgehensweisen im nichtberuflichen Bereich waren weniger zielgerichtet als beliebig. Ersatzhandlungen nach dem Motto »neue Lust in fremden Betten«, »je stärker der Motor des Wagens, umso höher die Geschwindigkeit« oder »Alkohol beseitigt alle Sorgen« waren mehr oder weniger im theoretischen Bereich angesiedelt, Wunschprojektionen, die mir genügen mussten. Zu allem Handfesten, zu dem auch ein gewisses Maß an Durchsetzungsfähigkeit gehört hätte, fehlte der Mut. Außerdem hielt mich die – trotz aller Widrigkeiten – feste Überzeugung, meine Frau sei das Beste, was mir im Leben begegnen konnte, von Eskapaden ab. Und dennoch: Diese fehlende Fähigkeit, theoretische Vorhaben in die Tat umzusetzen, ein im Grunde unabdingbares Persönlichkeitsmerkmal, um ein Leben zu führen, das in sich selbst schlüssig ist, behinderte mich in meinem Alltag beträchtlich. Eine grundlegende Änderung der Verhältnisse hätte Konsequenzen erfordert, die ebenso viel Entschlusskraft benötigten wie das Ausführen von Ersatzhandlungen, die mich allerdings voraussichtlich unglücklicher als zuvor zurückgelassen hätten – ein Teufelskreis.

Die innere Feigheit und Inkonsequenz, mutmaßlich bedingt durch die ungenügende Akzeptanz meiner Person durch den Vater, versuchte ich durch verstärkte Zuwendung an den einzelnen Patienten zu kompensieren. Diese Sekundärmotivation, gepaart mit der peniblen medizinischen Fürsorge, löste in mir zwiespältige Gefühle aus, derer ich mir zwar bewusst wurde, aus denen ich aber keinen Ausweg suchte oder fand. Der Beruf an sich, die medizinische Materie, zumindest die, mit der ich mich umgab, sprach mich nicht in einem Maße an, das notwendig gewesen wäre, um meine inneren Defizite befriedigend ausgleichen zu können. So träumte ich mich und meine Tage dahin, nur wenige in meiner Umgebung nahmen meine zunehmende Entfremdung von mir selbst wahr. Da meine äußere Haltung oft Überlegenheit, Jovialität, zuweilen Arroganz ausdrückte, wurde meine existenzielle Labilität, wenn sie denn zur Sprache kam, nicht oder weniger ernst genommen. Ich galt als zuverlässig, sicher, zuweilen auch als großspurig, aber diese Eigenschaft ist vielen Ärzten, insbesondere denen in der Facharztausbildung an großen Kliniken, eigen. Meine Vorstellungen ergingen sich in Bildern von absoluter Unabhängigkeit, dies in nahezu allen Lebensbereichen, die als essenziell gelten. Nicht von ungefähr zählte ich die »einsamen Wölfe« der Literatur zu meinen Vorbildern, wähnte mich an ihrer Stelle.

Und doch, die verzweifelte Erkenntnis des Sich-eingeschlossen-Fühlens und die Sehnsucht nach Weite und Ferne quälten mich oft. Die äußeren Bedingungen meines Lebens trugen offensichtlich einerseits wenig dazu bei, mich zu mir selbst kommen zu lassen, andererseits stellten sie auch kein unüberwindbares Hindernis auf dem Weg zur Selbsterkenntnis dar.

Je näher ich mir kam, umso mehr kristallisierten sich sowohl meine Defizite als auch meine Stärken heraus, wobei grundsätzlich ich selbst das Koordinatensystem der Werte festlegte. Möglicherweise fällt es vielen Menschen schwer, sich einzugestehen, hinsichtlich körperlicher Merkmale nicht so bedacht worden zu sein, wie es ihr Wunsch gewesen wäre. So empfand ich oft die Ausprägung meiner sekundären Geschlechtsmerkmale als erhebliches Manko, obwohl mich als Mediziner und auf rationaler Ebene zu dieser Einschätzung meiner körperlichen Attribute nichts berechtigt hätte. Auch hier: Ich vertraute meinem Urteil eben häufig nicht oder nicht genug, mein Selbstwertgefühl konnte diesen scheinbaren Mangel nicht vollständig kompensieren. Die unbewusste, mehr und mehr sich entwickelnde Hinwendung zu geistiger Materie schien mir eine Möglichkeit zu eröffnen, meine Einstellungen, die ich oft als »infantil« bezeichnete, zu verändern, beispielsweise den Mut aufzubringen, in der Interaktion offen und unverfälscht zu agieren und gerade deswegen geachtet und geliebt zu werden, was überdies auch dazu beitrug, meine depressive Grundhaltung aufzuhellen. Ich überdachte meine Verhältnisse zu Menschen, ehe ich reagierte, zustimmte oder ablehnte, so wie sich auch meine medizinische Versorgung der Patienten verbesserte, nicht nur aufgrund der durch die Jahre der Tätigkeit gewonnenen Routine, sondern durch eine zunehmend als authentisch empfundene Empathie, die Fähigkeit, mich im speziellen Fall in die Betroffenen hineinzuversetzen und gemäß medizinischer Gegebenheiten zu handeln, die für die Kranken optimal erschien. Ich hatte, ohne es genau analysiert zu haben, aus meinem anfänglich mangelnden Interesse an der Materie eine Strategie entwickelt, die ein gewisses Maß an Eigentherapie beinhaltete: Durch konzentrierte Zuwendung erhielt ich eine hinlänglich befriedigende Bestätigung durch meine Patienten. Dem Einwand, hier liege lediglich ein unbewusster Ausgleich eigener Trauer oder Selbstverlorenheit vor, begegnete ich mit einer Rückfrage bei mir selbst, die mich zu bestätigen schien. Auch an offensichtlich grauen Tagen kann das Licht der sich bewusst gewordenen Identität ein Leuchten verleihen. Diese Fröhlichkeit empfand ich jetzt öfter im Umgang mit meinen Patienten, offenbar hatte ein Motivationswandel von der fremdbestimmten Pflichterfüllung zur selbstbestimmten, befriedigenden Arbeit stattgefunden.

Unstreitig glitt mein Lebensschiff allmählich in ruhigere Gewässer. Die Facharztausbildung wurde erfolgreich abgeschlossen, ein zweites Kind, sehnlichst von meiner Frau erhofft, erfreute uns beide sowie den Sohn, zumal der Wunsch nach einem Mädchen erfüllt wurde. Doch die Fantasie des Unterbewusstseins ist rational nicht steuerbar. Nach und nach kristallisierte sich für mich heraus, dass mein latentes Minderwertigkeitsgefühl nicht nur eine Folge der Nichtanerkennung oder besser: des Gefühls der ungenügenden Anerkennung durch den Vater war, sondern auch ein von meiner Seite aus vergleichbares Verhältnis zu meiner Frau bestand, um deren Anerkennung ich ebenso heftig, aber häufig vergeblich kämpfte. Das gleiche Muster, das gleiche Ergebnis: Es wäre mir unter anderen Bedingungen leichter gefallen, eine wesentlich positivere Bilanz unserer Beziehung zu ziehen. Mein Klammern jedoch, meine Fixierung auf die Partnerin einerseits, die vereinnahmende Haltung andererseits schienen eine unheilvolle Mischung erzeugt zu haben, die meine Frau, von ihrer Warte aus gesehen, geradezu zwingend die Haltung hatte einnehmen lassen, die von mir als abwehrend und abwertend interpretiert wurde. Für mich mit meiner möglicherweise antiquierten Überzeugung, wie Partner zusammenzuleben hätten, wandelte sich das Bild, das ich von meiner Frau hatte, unberechtigt und eben auch unbegründet häufig zu deren Nachteil. Wenn Sentimentalität mit unechten Gefühlen umschrieben wird, die unter unrealistischen Vorstellungen entstehen, überdies verstärkt und gespeist aus irgendwelchen obskuren literarischen Vorlagen, unreflektiert projiziert auf ein existierendes Paarverhältnis, so war ich nicht sentimental, eher unschuldig verführt. Anzukreiden war mir allerdings die Absolutheit, mit der ich ein Liebesverhältnis bewertete, der Glaube an die immerwährende, zumindest ein Eheleben andauernde Einheit, an die bedingungslose Treue. Nein, in dem Sinn des Wortes ein moderner Mensch war ich gewiss nicht, geradezu schwärmerisch hing ich in dieser Hinsicht der These Uwe Johnsons an, den vergleichbare Spannungen in seiner Paarbeziehung aus der Bahn geworfen hatten. Johnson vertrat nämlich die Auffassung, dass ein einmal dem Anderen gegebenes Treueversprechen ein Leben lang halten und gelten müsse. Nun, die realen Verhältnisse sind nicht so. Absolutheitsansprüche werden nur selten erfüllt.

Es war mir nicht gegeben, meine Frau sowohl im seelischen als auch im körperlichen Bereich als eigenständig anzuerkennen. Erst sehr viel später, aufgrund von Einsichten im Zuge der analytischen Aufarbeitungen meiner Problematik, konnte ich die Person meiner Partnerin so wertschätzen, wie ich es intuitiv gefühlsmäßig immer gern getan hätte, nicht nur aufgrund ihrer Einlassungen hinsichtlich meiner Tinnitusproblematik. Sie konnte offenbar in einer Ehe zwischen rationalen und emotionalen Einflüssen unterscheiden, diese voneinander trennend, so wie man Ordner in verschiedene Fächer legt, während ich eine Beziehung als großes Ganzes sah, ohne Abstriche, aber auch ohne Zugeständnisse. Ich fragte mich oft, wenn in Diskussionen der Begriff der »modernen Ehe« auftauchte, ob ich in der richtigen Zeit lebte oder meine Sozialisation in dieser Hinsicht eine Schieflage aufwies, ob meine Einstellung schlicht kitschig, also rückwärts gewandt, utopisch sei. Wenn Tragik die Unausweichbarkeit von Gegensätzen ist, konnte unsere Partnerschaft zumindest in einem wesentlichen Punkt als problematisch angesehen werden. Dessen ungeachtet übten wir, wie am Anfang unserer Beziehung, eine ungebrochene sexuelle Attraktivität aufeinander aus, wenn auch meiner Empfindung nach diesem Spannungsverhältnis zuweilen ein Hauch von Resignation meinerseits unterlegt war. Wenn ich das Reine, Wahre, Schöne nicht vollständig haben konnte, wollte ich im Grunde auf alles verzichten. Von Dialektik weitgehend unberührt, stellte ich hinsichtlich dieser zentralen Frage meines Lebens allerdings fest, dass meine realistische Eigeneinschätzung stark von meiner Wunschvorstellung von mir selbst abwich. Ich hätte liebend gern den omnipotenten, von Frauen umschwärmten Mann dargestellt, der ich offensichtlich nicht war. Dabei berücksichtigte ich nicht, dass es solche Männer in der Tat eher selten gibt.

Der Kampf mit meinen widerstreitenden seelischen Zuständen machte mich allmählich mürbe. Hier die Überzeugung, mein Leben nach lauteren Gesichtspunkten auf allen mir zur Verfügung stehenden Ebenen führen zu müssen, und auf der anderen Seite die Erkenntnis, dass ein anderer Mensch gänzlich andere Lebensplanmuster vor Augen hat – das blendete ich aus, ließ ich nicht gelten, hielt ich nicht einmal für verhandelbar. Zu fundamental verhinderte mein allzu geringes Selbstwertgefühl eine Analyse und Lösung meines permanenten Konflikts, der einen Teufelskreis der schleichenden Ich-Zerstörung erzeugt hatte durch die sich geradezu manisch verfestigende Einstellung, meine Frau nehme mich nicht so an, wie ich war. Zumindest zeitweilig wurde mir bewusst, dass eine Verfestigung meiner Haltung ein Allerweltsproblem nicht nur von Männern, sondern eine seit Jahrtausenden bestehende Grundsituation der menschlichen Beziehungen darstellt.

Mir war das alles bekannt, wie es vielen geläufig sein dürfte. Mein emotionaler Starrsinn jedoch verhinderte zunächst eine Läuterung meiner Gefühlsbasis. Sicher, in Stunden der Klarheit gestand ich mir ein, einen nicht unerheblichen Anteil an dem Bild zu haben, das ich meiner Frau bot, doch meine gekränkte Männlichkeit stand immer wieder wie ein Zerberus vor dem Tor zur selbstbestimmten Lösung der Spannungen. Die Ambivalenz meines Verhaltens, einerseits Sehnsucht nach dem Zustand zu verspüren, wie er zu Zeiten des Kennenlernens war, der frischen Verliebtheit, der romantischen Verklärtheit, und andererseits aus Vermeidungsstrategien heraus Fluchtgedanken zu entwickeln, mit der Vorstellung, eine räumliche Trennung erledige das mich bedrängende Problem wie von selbst, kam in meinen Träumen und Überlegungen oft überstark zum Ausdruck. So konstruierte ich eine Szenerie, mich für eine längere Zeit von meiner Frau und meinen Kindern zu trennen, sie dann, nach Jahren, wie zufällig wiederzusehen und sie erneut für mich zu gewinnen, dabei keinerlei Veränderungen bedenkend, denen beide in der Zwischenzeit ausgesetzt sein würden. Ich sah nur das angestrebte Ziel vor Augen, durch bewusste Distanz eine neue Nähe schaffen zu können.

Da meine Lebensplanung nicht meinem inneren Rhythmus, sondern eher reaktiv äußeren Bedingungen und rationalem Kalkül unterworfen war, konnte der Misserfolg nicht ausbleiben. Der Kampf ums »Eigentliche« war in vollem Gange, oder war es doch etwas täglich Wechselndes, Mosaikartiges, ein Flickenteppich meines Ich, kreiert aus Augenblickssituationen heraus, um den jeweils größten Vorteil für sich herauszuholen? Trotzig will ich sein, widersprechen will ich, der Junge hatte schon immer einen »dicken Kopf«, das Prädikat »eigensinnig« erscheint dabei noch geschönt. Argumentativ hatte ich den Thesen der vielen Ichs nichts entgegenzusetzen, allein meine innere Überzeugung hielt mich auf der Spur einer unverwechselbaren Identität. Viele Jahre später sollte ich erst den Wert identischen Handelns erkennen – erst dann gestattete ich mir, nach meinem eigenen inneren Rhythmus zu leben.

Innere Kämpfe

Da ich den Zwiespalt zwischen Einsichten in Lösungsmöglichkeiten der Problematik und deren Umsetzung ins tägliche Leben erkannte, blieb nur zu resignieren oder aber die Arbeit an meiner Ich-Problematik aufzunehmen. Die Bereitschaft, das Fundament, auf dem bislang meine Gesamtpersönlichkeit ruhte, in Frage zu stellen, bejahte ich nunmehr vorbehaltlos. Die Psychotherapie stellte einen produktiven Katalysator dar, der es mir ermöglichte, Lebenslügen zu entlarven, Umleitungen auszulassen, Mut in der Interaktion zu entwickeln; überdies verhalf mir geradlinige Eindeutigkeit, vor mir und anderen erhobenen Hauptes dazustehen, vor allem auch im Ergebnis für mich negative Ereignisse zu akzeptieren, ein Umstand, der mich früher auf lange Sicht entmutigt hätte.

Also doch: per aspera ad astra?[8] Zu große Worte für eine Entwicklung meiner Persönlichkeit, die vor allem mir selbst stille Glücksgefühle vermittelte, die ich in dieser Form noch nie verspürt hatte. Allgemeiner ausgedrückt scheint die Fron der praktizierten Selbsterkenntnis subjektive Erfolgserlebnisse zu zeitigen, die nur der nachvollziehen kann, der zu einer ähnlichen Vorgehensweise bereit ist. Eigenbestimmtes Handeln und Denken im Sinne eines »produktiven Egoismus« wurden mir

8 Wörtlich: Durch das Raue zu den Sternen. Hier sinngemäß: Nur, wer in Tälern war, kann Höhen erklimmen.

zur Leitlinie des Lebensplanentwurfs, ohne dass ich mich meinen sozialen und familiären Verpflichtungen entzogen hätte. Im Gegenteil, nur der Mensch, der unabhängig von eigenen Beliebig- und Befindlichkeiten wird, scheint sich effizient sozialer Interaktion widmen zu können. Allein der Gedanke der künftig zu verwirklichenden Maximen und der daraus im Wesentlichen resultierenden Unabhängigkeit versetzte mich in eine permanente Hochstimmung. Schon einmal in meinem Leben hatte ich, unter anderen Vorzeichen, ein vergleichbares seelisches Glücksgefühl empfunden: an jenem 1. Mai, nach eineinhalb Jahren verantwortlicher Tätigkeit als Facharzt in der Klinik. Damals, es sollte mein letzter Feiertagsdienst im Krankenhaus sein, blickte ich aus dem Kellerfenster des Aufenthaltsraums der Assistenten, sah junge Leute mit Handwagen, Birkengrün und Bierkästen vorüberziehen und fragte mich unvermittelt und verwundert, was ich in diesem Hause noch verloren hätte. Ein Gefühl der Omnipotenz hinsichtlich meiner beruflichen Möglichkeiten überkam mich spontan, ich empfand mich und meine Existenz mit einer zugleich beängstigenden und beglückenden Intensität, fieberhafte Erregung überflutete mich, rauschhaft überdachte ich meine Zukunft. Das Erlebnis trug mich nicht so elementar, so hoch und so weit, wie ich es mir gewünscht hatte, aber es blieb unvergesslich, und eingedenk der Möglichkeit einer Erfüllung des Wunsches, ganz eins mit mir selbst zu sein, leitete mich dieser lichte Moment in den dunkleren Stunden meines Lebens, ja, er erhielt mich mit am Leben. Die letzten Monate meiner Kliniktätigkeit verhalfen mir zu einer Eigenständigkeit und Anerkennung seitens des Personals und der Kolleginnen und Kollegen, einem Zustand, der mich in die Lage versetzte, meine innere Unausgeglichenheit und Zerrissenheit gelassener hinzunehmen. Ich lernte, Entscheidungen nach reiflicher Überlegung zu treffen, nicht schnell und allzu spontan, wie ich es von mir gewohnt war.

Meine Pläne hinsichtlich meiner beruflichen Zukunft nahmen konkretere Formen an, Strukturen wurden erkennbar. Nach einem seitens meines Chefs erbetenen Gespräch wurde mir eröffnet, dass ein lebenslanger Anstellungsvertrag an der

Klinik für mich ermöglicht worden sei unter den Bedingungen, sich nicht nur wissenschaftlich und therapeutisch zu betätigen, sondern sich nicht zuletzt auch an der Verwaltung der Klinik beteiligen zu müssen. Ich stimmte zunächst zu, wiederum halbherzig, wie ich mir wenige Tage später eingestand. Kurze Zeit später kam mir der Zufall, das Schicksal, ein Notfall zu Hilfe. Ein Fachkollege erkrankte und fiel in seiner Praxis für längere Zeit aus. Der Vertrag über ein Jahr, der zwischen uns ausgehandelt wurde, kam zum Tragen. Erstaunt registrierte ich meinen eindeutigen, ja, unerbittlichen Verhandlungsstil. Meinem Chef teilte ich, ohne innere Erregung und Anspannung, meine Entscheidung mit, wohl zum ersten Mal fasste ich den Mut, aus eigener Kraft und Überzeugung berufliche Belange zu bestimmen, statt mich, wie bisher, eher beflissen zu verhalten. Dessen Reaktion, gipfelnd in einer Belobigung meiner Person, die überdies in der Klinik dringend gebraucht werde, auch schätze er mich als Mensch und so weiter, überraschte mich, hatte ich doch die vergangenen Jahre im Verhalten meines Chefs allzu häufig Parallelen zu dem meines Vaters mir gegenüber gesehen und empfunden. Dennoch blieb ich bei meinem Entschluss. Eine analytische Reflexion an diesem Schnittpunkt meines Lebens hätte mir möglicherweise schon damals einen Zugewinn an Selbsterkenntnis beschert. Die äußeren Verhältnisse erleichterten es mir jedoch, von mir, meinem Inneren abzulenken. Der Erfolg heiligt die Mittel, sagt man, aber wer fragt nach den psychischen Auswirkungen?

Dieses eine Jahr in eigener Regie und Verantwortung in der Praxis des Kollegen verging wie im Flug. Die Patienten akzeptierten mich über den Status eines Vertreters hinaus als »ihren« Arzt, die Operationstätigkeit im Krankenhaus, einer renommierten Anstalt der Stadt, verlief reibungslos und ohne Zwischenfälle zur Zufriedenheit der Klinikleitung. So, unter den genannten äußeren Bedingungen, hätte eine stetige Konsolidierung meiner inneren Ungeordnetheit erfolgen können, eigentlich müssen. Im Nachhinein erscheint die Feststellung gerechtfertigt, dass mein Leben damals zu glatt verlief, dass mir das Erlebnis, ein tiefes Tal durchwandern zu müssen, um ich selbst zu werden, noch nicht zuteil geworden war. Nur in seltenen Momenten blitzte der Gedanke auf, dass eine Existenz ohne Widrigkeiten zwar das äußere Wohlbefinden, nicht aber gleichzeitig auch eine innere Ausgeglichenheit bewirken musste.

Im Übrigen lenkte diese scheinbar komplikationslos verlaufende Lebenslinie im beruflichen Bereich entschieden von einer Lösung des Problems ab, was das Verhältnis zu meiner Frau betraf. Nebeneinanderher zu leben scheint bequemer zu sein als die Einsicht in die Notwendigkeit, seinen inneren Gefühlen in einem offenen Gespräch Ausdruck zu verleihen. Politische, wirtschaftliche und gesellschaftliche Abläufe haben ihre spezifischen Dynamiken und die Kenntnis der Beziehungsrituale scheint zwar vorderhand demgegenüber leichter zu erlernen zu sein, aber umso schwerer in die Praxis umzusetzen.

Im Gegensatz zur Ernsthaftigkeit, mit der ich meinen Beruf ausübte, gestaltete ich mein Privat- und Familienleben eher beiläufig und zufällig. Die Auswirkungen dieser Diskrepanz wurden nicht sofort augenfällig, sie hatten eine Langzeitwirkung, die erst viel später zu einer Implosion meines seelischen Status führte. Anzeichen dafür hatte es immer wieder einmal gegeben, ich tat sie als psychosomatische, also nur scheinbar körperlich bedingte unklare Symptome ab, maß ihnen zwar momentane Bedeutung zu, vergaß sie aber schnell, als die Beschwerden sich verflüchtigten. Es bestand eine paradoxe Mischung zwischen der mir innewohnenden Überzeugung einer körperlichen Überlegenheit Krankheiten gegenüber und der Hypochondrie, die meine innere Labilität repräsentierte.

Den aus der Kindheit erinnerten Ausspruch, ich sei ein »schönes« Kind, verinnerlichte ich zwar, aber dieses schwärmerische Lob hatte ich von meiner Mutter und Großmutter bekommen, aus dem Mund meines Vaters hätte es für mich eine weit größere Bedeutung gehabt. Dieses Gieren nach männlicher Anerkennung schien mir eigen. Ich tendierte zu Männerfreundschaften, ohne dass in mir oder den Partnern auch nur der Anflug von homosexuellen Tendenzen erweckt wurde. Mein Frauenbild hatte sich im Laufe der Zeit verändert. Die Idealvorstellung von der schönen Seele im schönen Körper wandelte sich. Innere Werte rückten mehr und mehr in den Vordergrund, Gespräche über Dinge, die mich interessierten, erschienen mir attraktiver als vordergründige weibliche Reize. Für diesen Wandel machte ich den Gewinn an eigener Sicherheit verantwortlich, Sicherheit hinsichtlich der Treue der Partnerin und der Verlässlichkeit. Die Trennung der Begriffe Sexualität und Liebe schien mir unumgänglich, oder mit anderen Worten: Liebe gibt, Sex nimmt, und dies besonders von der Seite des Mannes aus. Bislang war die Frau nach meiner Vorstellung in der rein sexuellen Beziehung mehr Objekt als Subjekt gewesen. Ein gleichberechtigtes, partnerschaftliches Verhältnis dagegen fragt nicht zuletzt nach gemeinsamen geistigen Interessen, aus deren glücklich erfolgter Feinabstimmung sich eine physische Anziehung und Hingabe ergeben könnte. Sind diese Gedanken über die Möglichkeit einer idealen Partnerschaft fortschrittlich oder aufgrund ihrer Offensichtlichkeit, ihrer in vielfachen Veröffentlichungen dargelegten Form eher als antiquiert anzusehen und rückwärts gewandten Vorstellungen zuzurechnen? Wer will schon immer wieder Bekanntes, schwer zu Realisierendes hören? Ohne Frage, »jedem Anfang wohnt ein Zauber inne« (Hermann Hesse), warum sollte diese Weisheit nicht auch für eine schon länger bestehende Partnerschaft gelten?

Je mehr ich mich in meinem beruflichen Erfolg sonnte, umso häufiger vernachlässigte ich meine familiären Pflichten, gegenüber meinen Kindern mehr denn als Ehemann. Zuweilen schien es mir, als ob ich, ähnlich wie seinerzeit mein Vater, die Einhaltung erzieherischer Richtlinien nur als lästige Pflicht betrachtete, ich meine Frau als Lehrerin überdies für geeigneter hielt. Bequemer schien es somit für mich auch. Eine Fehleinschätzung mit Langzeitwirkung, wie ich sehr viel später konstatieren musste. Später gewann ich von diesen Jahren den Eindruck, für soziale Anerkennung und den finanziellen Mehrwert gelebt und gewirkt zu haben. Späte Einsichten haben oft etwas Resignatives, in meinem Fall allerdings konnte ich diese eher destruktive Erkenntnis mit Gewinn verbuchen; das Resultat, die Erweiterung des persönlichen Horizonts, schien mir wichtiger und wertvoller als die bittere Sicht auf verpasste Chancen zu sein.

Immer wieder begleiteten, verfolgten, belästigten, seltener erfreuten mich Träume, oft gleichförmig in Inhalt und Ablauf: Einmal besaß ich ein großes Haus mit prachtvoller Fassade, an vielen Stellen jedoch renovierungsbedürftig, mit unangemessen vielen Türen, Erkern, riesigen Zimmern. Voller Stolz maß ich zu Fuß die endlos scheinenden Räume ab, zeitweilig fehlten Wände, dort gingen die Zimmer unvermittelt in einen Garten, Park oder eine Straße über. Verzweifelte Versuche, diese offenen Flanken auszubessern, schlugen fehl, ebenso gelang es nicht, auch nur notdürftige Reparaturen vorzunehmen, keine von mir erbetene Hilfe stellte sich ein, nirgends. Dennoch hielt ich mich, trotz der offensichtlichen Baufälligkeit des Hauses darin über lange Zeit auf. Ein Gefühl des Wohlgefallens, ein derart großes Haus zu haben, vermischte sich mit Trauer über die offensichtlichen Mängel des Anwesens.

Typische Ambivalenzempfindungen in Träumen? Die Umgebung schien unbelebt, auch die Tageszeit blieb für mich unbestimmbar, sie war etwa als »Nachttag« einzustufen, eine dunkle Helligkeit wirkte auf mich tendenziell trost- und hoffnungslos, und das bei einem Prunkgebäude, das allerdings im Ganzen gesehen mehr als einen Hauch von Vergänglichkeit aufwies. Die auch im Traum evidente Mischung aus Alt und Neu ließ in mir am nächsten Morgen zudem die seltsame Stimmung eines traurigen Stolzes, gepaart mit der Sehnsucht nach einer soliden Ganzheit, zurück. Offenbar sind Träume gleichen oder ähnlichen Inhalts prägender, als es dem Betroffenen bewusst wird. Die geschilderte Szenerie begleitete mich, nur unwesentlich abgewandelt, über Jahre. Das andere Traumbild sieht mich in einer hügeligen Landschaft auf einem Schotterweg mit dunklem Geröll, der zunehmend schmaler wird, dahineilend, wie getrieben. Ich muss zu einem bestimmten Zeitpunkt ein bestimmtes Ziel erreichen, das ich zwar nicht kenne, aber unter Strafandrohung nicht versäumen darf. Auch die Steigung der Wegstrecke nimmt kontinuierlich zu. Während des Bergaufgehens bemächtigt sich meiner eine lähmende Beklemmung. Ich fühle, wie meine Beine die immer schwerere Arbeit kaum noch verrichten können, eine bedrückende Enge belastet meine Brust. Das Ziel erreiche ich nicht. Ich scheine es nur zu erahnen, ich weiß, es liegt hinter der sich weitenden Anhöhe, die sich vor mir erhebt. Zu gerne würde ich das Ende meines Weges erkennen können, denn aus Träumen Einsichten zu gewinnen, käme mir gelegen.

Das Leben ein Traum: ein sentimentales Statement? An anderer Stelle als »falsches Gefühl« bezeichnet, muss dieses Attribut korrigiert werden. Man könnte Sentimentalität als ein Gefühl bezeichnen, das unter Ausklammerung der gegebenen Verhältnisse ausschließlich in dem Betroffenen eine übersteigerte Empfindung auslöst, die ihn sich zwar nicht entfremden, aber sich seinem rationalen Kalkül entziehen – er gibt sich sozusagen sich selbst hin; vereinsamt steht er in diesen Momenten für sich auf der Welt. Er lässt nur sein subjektives Gefühl urteilen. Das Attribut »falsch« entspringt somit einer Auffassung vom Verhältnis Gefühl zur Vernunft, die dem Gefühl gerade in Situationen, die es angeraten sein lassen, der Vernunft ein stärkeres Gewicht zu geben, letztlich Vorrang einräumt, um – sicher häufig unbewusst ablaufende – Vorgänge beherrschen zu können und ihre oft deplatzierte Wirkung auf Dritte abzufedern. Um derlei Vorgänge in der Regel entweder zu vermeiden oder aber, die andere Seite der Medaille, in den Griff zu bekommen, wird stetige, ja, tägliche Arbeit an sich selbst nötig sein. Gerade Menschen, die über Tinnitus klagen, so meine Erfahrung im ärztlichen Alltag und mit mir selbst, neigen zu sentimentalen Reaktionen, es scheint, dass sie diese Phasen als Flucht vor ihrem eigenen, dann unbeeinflussbar rationalen Ich gezielt einsetzen, um dem täglich erlebten Ohnmachtsempfinden zumindest zeitweise zu entgehen.

Ein Problem als solches zu erkennen und auch aktiv lösen zu wollen, diesen Königsweg dem in seine Gefühlsverstrickungen mit depressivem Grundton Gefangenen nahe zu bringen, scheint die schwerste, aber unabdingbare Aufgabe für den Therapeuten hinsichtlich seiner Tinnituspatienten. Die existentielle Wichtigkeit dieser Vorgehensweise muss transparent gemacht werden, um in dem Betroffenen keine zusätzliche Blockade gegen den behandelnden Arzt zu erzeugen. Die Einfühlung in den Patienten wird einem Therapeuten, der das Phänomen bei sich selbst erfolgreich überwunden hat, wohl besser möglich sein als denen, die zwar theoretische Erkenntnisse und Anwendungserfahrungen haben, aber am Symptom selbst nicht gelitten haben oder leiden.

Die Umstellung von der Tätigkeit an der Klinik zur Selbstständigkeit erlebte ich als eine erste Befreiung von der Weisungsgebundenheit, der Anpassung wider innere Überzeugung, der lediglich um des lieben Friedens willen gegenüber Vorgesetzten praktizierten Kompromisse. Mein Freiheitsdrang befähigte mich, die anfängliche Unwägbarkeit, die sich zuweilen einstellende Unsicherheit des stets eigenverantwortlich zum Handeln Verpflichteten abzufedern, sie zu bewältigen und aktiv in medizinischen Erfolg und Anerkennung seitens der Patienten umzusetzen. Ich hatte in der von einem erkrankten Kollegen für ein Jahr übernommenen Praxis Klientel zurückgewonnen, die aufgrund der wechselnden Vertreter abgewandert war. Ich spielte mehr und mehr mit dem Gedanken, mich in der Stadt meiner Ausbildung zum Facharzt und dem Ort der momentanen Tätigkeit auf Dauer niederzulassen. Es schien ein für mich gangbarer und vorderhand leichter zu bewältigender Weg zu sein, als in einer fremden Stadt eine Praxis neu zu gründen. Mein innerer Stolz jedoch, so meine Erinnerung an diese Zeit, verbot mir, mich um eine Möglichkeit zu bemühen, eine bereits bestehende Praxis zu übernehmen oder als Partner in eine solche einzusteigen. So, wie ich in meinen Vorstellungen festgelegt war, wenn, dann ein Haus von Grund auf bauen zu wollen, schien mir eine Neugründung ohne Einstiegshilfe zwingend. Unbewusst versuchte ich, erlebte Defizite im Verhältnis zu meinem Vater zu kompensieren, hatte der mir doch grundsätzlich die Fähigkeit abgesprochen, aus eigener Kraft im Leben etwas erreichen zu können. Die Begründung für dieses Urteil war die Empfindung des Vaters, der Sohn reagiere lediglich auf Ereignisse in seinem Umfeld, Kreativität sei ein Fremdwort für ihn. Es entstand ein Teufelskreis: Was auch immer meinen Vater veranlasste, diese Meinung über mich zu fällen, machte mich mutlos, hinderte mich daran, gegen die Vorverurteilung selbstbewusst vorzugehen, mit anderen Worten, die negative Einstellung des Vaters verinnerlichte ich als Sohn wiederum als unverrückbar. Eine Aktivität meinerseits, in welche Richtung auch immer, würde als unzureichend eingestuft werden. »Wissen ist Macht«, führte er ständig im Munde, mir billigte er bestenfalls Halbwissen zu. Dass hier auf fatale Weise eine Projektion eigener Unzulänglichkeit mit dem Wunsch verknüpft wurde, sein Sohn möge es einmal besser haben, machte die Situation für mich als Heranwachsenden nicht einfacher.

Wieder einmal lenkten mich äußere Umstände von der grundsätzlich notwendigen Arbeit an meiner als defizitär empfundenen Persönlichkeit ab. Einerseits tat mir diese Ablenkung von meiner seit Kindheit täglich erlebten Schwermut gut, andere Gedanken allerdings drängten sich mir auf, die ich als ebenso bedrückend empfand. Ich gestand mir nämlich ein, dass ein nicht unbeträchtlicher Teil meiner Motivation in der Arzt-Patient-Beziehung ökonomischen Charakter trug, die materielle Gegenleistung also für meinen Einsatz. Im Grunde schien der »Mammon« sogar leitmotivischen Charakter zu haben, was meiner intuitiven Sehnsucht nach einer eher durchgeistigten Existenz widersprach. Unter diesen Bedingungen gelang es mir über Jahre nicht, den prägenden Einfluss des Vaters abzuschütteln, nämlich die materiell dominierte Grundhaltung zu verändern, obwohl ich von meiner Umgebung als großzügig anderen gegenüber bezeichnet wurde, das Erarbeitete also nicht, so des Vaters Vorgabe, ausschließlich mir und meiner Familie zugestand.

Ein anderer Faktor, der mich ähnlich schwer belastete, war die Beobachtung des aus meiner Sicht harten Egoismus meiner Frau, von der ich Gegenleistungen für meinerseits erwiesene Dienste erwartete, die mir allerdings nicht gewährt wurden. Alttestamentarische Vorstellungen von Geben und Nehmen schwebten mir vor. Meine subjektive Einschätzung war offensichtlich geprägt von einem meiner Persönlichkeitsmerkmale, die unter den Begriff des »Helfersyndroms« gefasst werden können, sodass eine entsprechende Erwartung, meine Frau möge ähnlich reagieren wie ich, nicht auf fruchtbaren Boden fallen konnte, da die Sozialisation meiner Frau, zumindest in diesem

Bereich, gänzlich anders verlaufen zu sein schien. »Ich bin nicht du und weiß dich nicht«, die Bedeutung dieser Aussage hätte ich rückblickend nur allzu gern zu einem früheren Zeitpunkt bereits gekannt und meine Partnerin mit anderen Augen betrachten können.

So lebte ich im Spannungsfeld meiner mir zwar bekannten, auch zeitweise bewusst werdenden, aber von mir allein ohne Hilfe Dritter nicht zu klärenden defizitären psychischen Strukturen, was mein äußeres Erscheinungsbild im Spiegel meiner Mitmenschen eindeutig prägte. Ich galt bei denen, die mich nicht näher kannten, als großmäulig, rechthaberisch und doktrinär, meine andere, ursprüngliche Seite, der weiche Kern, offenbarte sich nur denen, die die Hürde meiner scheinbaren Schroffheit überwunden hatten. Für sie war ich ein verlässlicher, immer ansprechbarer Freund, der die gegenseitig offenbarte und bekundete Treue wohl zu schätzen wusste. In diesen Beziehungen konnte man meine Haltung als Helfersyndrom zwar erkennen, aber für mich innerlich als selbstidentische Handlungsweise interpretieren, denn hier hatte ich nicht die Vorstellung, kompensieren und mich verbiegen zu müssen.

Im Verlauf meiner Therapie erinnerte ich mich mehr und mehr an Begebenheiten, an Zitate aus der Bibel und der Literatur, die mir in besonders bedrängend und niederdrückend empfundenen Zeiten während meines Tinnitusleidens Trost gespendet hatten, nicht zuletzt: »In der Welt habt ihr Angst, aber siehe, ich habe die Welt überwunden.« Die allmähliche Hinwendung zu Texten aus der Bibel ergab sich aus einer mir zunächst nicht erklärbaren inneren Selbstverständlichkeit heraus, die Zwiesprache mit ausgewählten Stellen lenkte mich ab, richtete mich auf, oft genug empfand ich meine subjektiven Auslegungen von Bibeltexten als hilfreich, um meinen eigenen kleinen Kosmos zu relativieren, auch um die Bedeutung meiner Person in dieser Welt zu hinterfragen. Ich hätte mich zwar nicht als gläubig im christlichen Sinne bezeichnet, aber meine in den vergangenen Jahren häufig unumstößlich ablehnende Haltung der Kirche gegenüber hielt ich nicht mehr aufrecht. Es konnte geschehen, dass ein Lächeln über mich selbst die depressive Grundhaltung milde überstrahlte, der Begriff der Demut gewann für mich mehr und mehr an Bedeutung. Gewiss, die äußeren Umstände und die fehlende Erkenntnis um die Ursache meiner Tinnitussymptomatik beeinflussten noch immer entscheidend meine Verstrickung in das Phänomen, aber eine Art Gärungsprozess kam in Gang, eine Ahnung von fernem Licht am Ende eines mich von allen Seiten beengenden Tunnels. Zwei Seelen, heißt es, wohnen in eines Menschen Brust: Ich erahnte zumindest die des Friedfertigen, um Ausgleich Bittenden, Bewahrenden, aber auch die des Drängenden, Suchenden, ohne genau zu wissen, was ich zu finden hoffte, die des Ahnenden, der insgeheim weiß, dass sein Weg noch Bedingungen bereit hält, die zunächst Erschwernisse mit sich bringen, deren Bewältigung aber dann eine Befriedigung verschafft, die vom Selbst als wahrhaftig anerkannt wird. Der Weg zur Mitte bahnte sich an, eine große Ruhe würde mir als Ziel winken, eine erarbeitete, selbst verdiente Ruhe, kein Endpunkt, sondern eine Grundstimmung, die wie eine Lieblingsmelodie über dem zukünftigen Leben erklingt, nicht immer wahrgenommen, aber immer da. Diese Erkenntnis führt nicht zu dem, was unter Selbstzufriedenheit erfasst wird, sondern eher zur Einsicht in die Fehlerhaftigkeit des Menschen, seine Unzulänglichkeiten, führt zur Bescheidung, zur selbstkritischen Einordnung seiner selbst im Universum.

Die Neuorientierung nach der Niederlassung fiel mir schwerer als erwartet. Der Freude darüber, nun auf viele Jahre eigenverantwortlich tätig sein zu können, stand das unerwartete Fremdheitsgefühl gegenüber, das die neue Stadt in mir auslöste und das auch für lange Zeit anhielt. Die allmählich, dann aber überproportional ansteigende Zustimmung meiner Tätigkeit durch die Patienten kompensierte das für mich oft schroffe, distanzierte Verhalten meiner Frau, die sich als Mitläuferin eines erfolgreichen Arztes empfand, die sich intellektuell in ihrer Rolle als Mutter, Ehefrau und repräsentierende Begleitung ihres Mannes in der Öffentlichkeit hoffnungslos unterfordert fühlte. Auch die durch den Aufbau der Praxis bedingte Absorption meiner Kraft und Aufmerksamkeit führte erneut zu einer Vernachlässigung meiner Pflichten ihr und den Kindern gegenüber. An dieser Stelle sei darauf hingewiesen, dass eine wiederholte Erwähnung dieser beruflich familiären Konstellation beabsichtigt ist und die Unbedingtheit verdeutlichen soll, zum Vorteil aller Beteiligten zu einer Lösung kommen zu müssen. »You can't have the cake and eat it«, wie sollte ich aus diesem Dilemma einen für alle akzeptablen Ausweg finden, das Maß der Mitte wäre gefragt gewesen, aber die Umstände und mangelnde Reflexion, ungenügende Bereitschaft zur täglich notwendigen Analyse der Missstände, auch Trägheit des Geistes, verhinderten eine Klärung unseres gegenseitigen Missverhältnisses. Wie viel Leidenszeit hätte ich mir mutmaßlich ersparen können, einzusehen, anzuerkennen, dass die Partnerin nicht nach meinem Bilde zu formen war, gerade diese Frau schon gar nicht.

Sichten, einordnen, zuordnen, respektieren, tolerieren, zugeben und nachgeben, eine Paarbeziehung lebt auch vom Kompromiss. Dieser aber verlangt als Grundvoraussetzung ein intaktes Selbstwertgefühl oder zumindest eine Vorstellung davon. Das tägliche Ausbalancieren zwischen den Ansprüchen der Partnerin und seinen eigenen bedarf einer strengen geistigen Arbeit, deren Kontrolle in der Endabrechnung eine mühsame, aber lohnende Aufgabe ist, der sich, betrachtet man die Scheidungsrate, die Klagen und die oft bitteren Witze, die in der Gesellschaft über die Ehe schlechthin kursieren, nur die wenigsten stellen. Gerade die gegenüber den vergangenen Jahrhunderten zunehmende Flut an Informationen, Außenreizen, medialen Verführungen und in der Freizeit angebotenen Zerstreuungsmöglichkeiten lassen es notwendig erscheinen, an eine aktive Beschränkung dieser Ablenkungen zu denken, mehr bei sich zu bleiben, nur dann dürfte ein zumindest annäherungsweise gesundes seelisches Überleben in Paarbeziehungen gewährleistet sein. Merkwürdig, oder paradox, so umfassend der ärztliche Beruf Körper, Seele und Geist des Behandelnden zu fordern scheint, um den Ansprüchen der Kranken genügen zu können, das eigene Ich wird oft genug in dieser Hinsicht vernachlässigt. Um Missverständnissen vorzubeugen: Hier wird nicht der überaus schätzenswerte und verdienstvolle Einsatz von Medizinern infrage gestellt, aber zuweilen scheint die Lebenskraft, die für den Heilberuf aufgewendet wird, ja, bereitgestellt werden muss, nicht auch noch für den Dienst am eigenen Ich auszureichen. Der Hinweis trifft den Kern, dass Zeit, Muße und Bereitschaft zur Notwendigkeit für die unumgänglichen psychohygienischen Maßnahmen fehlen.

Als Kind hatte ich oft einen imaginären roten Strich unter ein von mir selbst gefälltes Urteil über Ereignisse gezogen, derer ich mich offenbar schämte, dies stellvertretend für den Vorsatz, bestimmte Lebenssituationen positiver zu gestalten, mich zu »bessern«. Ob es ein Schlussstrich oder mehr ein Trennungsstrich war, hätte ich nicht zu sagen gewusst. Gemeint war im Grunde eine Vermeidung der Konfrontation mit den Autoritäten, eine Anpassungsbereitschaft also, deren Notwendigkeit oder Rechtfertigung, ja, deren Plausibilität ich aufgrund fehlenden Wissens oder mangelnder Einsicht nicht hinterfragen konnte. Die Häufung dieser Überlegungen, an die ich mich noch sehr viel später erinnerte, macht die Abhängigkeit von starren autoritären Systemen, gegen die ich rebellierte, und das Ausmaß der Schuldgefühle deutlich, die mich damals bedrängten. Die Ausprägung von persönlichkeitsformenden Merkmalen wird vom Widerstreit anlage- und umweltbedingter Einflüsse bestimmt. Die Anstrengung seitens des Individuums selbst, diese Faktoren nach eigenem Urteil und Ermessen zu beeinflussen, stellt eine immerwährende Sisyphosarbeit dar, die sich jedoch, nimmt man Camus beim Wort, lohnen sollte, denn gemessen an der scheinbaren Leichtigkeit des Seins, das den modernen Menschen unterfordert, ist die griechische Mythosfigur des Sisyphos ein glücklicher Mensch, hält ihn doch eine nie enden wollende Aufgabe am Leben und gibt ihm Daseinsberechtigung. Die Erkenntnis der Notwendigkeit, Härten, Nöte, Leiden, kurzum, scheinbare Negativa unseres Lebens als geradezu vitalisierende Elemente unseres Daseins nicht nur anzuerkennen, sondern als Herausforderung zur Bewältigung zu betrachten, wird die Empfindung einer stillen, anderen Menschen nicht mitteilbaren Freude bescheren, die Genugtuung des Siegers ohne den Beifall Dritter, fernab jeden Demonstrationsverhaltens, ohne Tusch, ohne Medaillen oder Lobeshymnen.

Mehr Eigenbestimmtheit

Das einfache Leben also, Reduktion um jeden Preis? Unabhängigkeit aus Überzeugung stärkt und stählt in der sozialen Begegnung, verschafft denjenigen, die aufgrund ihrer spezifischen Biografie prädestiniert dazu scheinen, unter bestimmten Bedingungen jenes unselige Ohrgeräusch zu erleiden, auch die Möglichkeit, von ihm loszukommen. Es gilt, hauptsächlich und unbedingt, den Anteil der *Eigenbestimmtheit* auf Kosten der *Fremdbestimmtheit* zu vergrößern. Den Teufelskreis durch aktive Herangehensweise zu durchbrechen, kann zu einem prägenden Erlebnis werden, das exemplarisch für ein Lösungsmodell künftiger Probleme und Konflikte auf verschiedenen Ebenen steht. Der fachkundige Arzt sollte geleitet sein von einer sachlichen Empathie, dem unbedingten Willen, dem anderen als Katalysator auf dem Weg zur Beschwerdefreiheit dienen zu wollen. Zeit und Geduld stellen zusätzliche positive Garanten für einen Erfolg dar. Die Übereinstimmung von Patient und Therapeut auf emotionaler und rationaler Ebene scheint dazu unbedingt erstrebenswert zu sein.

Zu meinem Bedauern und auch zu meinem eigenen Entsetzen ergaben sich immer wieder Situationen, in denen ich auf ein bestimmtes Verhalten meiner Frau mit inadäquaten, blindwütigen Attacken reagierte. Trotz der Scham und Reue, die ich nach diesem für mein Selbst im Nachhinein als unerträglich und unverantwortlich empfundenen Vorgehen zeigte, wiederholten sich derartige Auseinandersetzungen, wenn auch im Laufe der Jahre in größeren Zeitabständen und mit verminderter Vehemenz. Selbst die danach noch für Tage anhaltende Trauer über die verschwendete Zeit und Energie aufgrund der aus meiner Sicht vermeidbaren Aktionen, so meine Einschätzung, vermochten die Entwicklung zur Selbstständigkeit und den Wunsch nach Ich-Autonomie nicht zu verhindern. Schon als Kind und Jugendlicher hatte ich als Auslöser dieser emotional unkontrollierten Reaktionen eine Mischung aus Jähzorn und ungerechter Beurteilung meiner Person ausgemacht. Spätere Analysen zeigten dann, dass dieser blinden, nicht steuerbare

Wut eine grundsätzliche Missachtung meiner selbst aufgrund eines nur gering ausgeprägten Selbstwertgefühls zugrunde lag.

Einer trage des anderen Last – Idealvorstellungen vom Zusammenleben erleichtern eben gerade nicht das tägliche Miteinander, wenn man, wie ich, so wenig flexibel und pragmatisch eine Beziehung gestaltet, die von unrealistischen Voraussetzungen meinerseits ausgeht. Die Verhältnisse nach meinem Willen zu formen, zu beeinflussen – nahezu zwanghaft konnte man die Unbedingtheit nennen, mit der ich meine Träume von der Ehe realisieren wollte. Stellte man zudem in Rechnung, dass der Auf- und Ausbau der Beziehung anfänglich hauptsächlich von mir aus in Richtung einer dauerhaften Bindung betrieben wurde, wird schnell klar, dass sich das Verhältnis zueinander oft inhomogen und kontrovers gestaltete. Eine dergestalt belastete Ehe wurde zwar von den Außenstehenden als interessant und nie langweilig beschrieben, zeitweilig spielte auch bei denen, deren Paarbeziehung in Routine und Langeweile erstarrt schien, Neid eine Rolle, aber das für andere unsichtbare innere Leid der beiden früh aneinander Geketteten erreichte zuweilen unerträgliche Ausmaße. Sie waren nie wirklich frei voneinander, die gegenseitige Missgunst auf ein Stück selbstbestimmten, vom anderen unabhängigen Lebens war, zumindest latent, oft zu spüren. Nach außen hin kam das in der Regel verbal durch verächtliche Einschätzungen, Äußerungen und Handlungen des anderen zum Ausdruck, durch Projektionen der eigenen Schwächen auf den Partner, ohne dass einer von beiden nur im geringsten bereit gewesen wäre, das, was für eingeweihte Dritte offensichtlich war, zuzugeben oder einzusehen. Erstaunlich war nur für die in den inneren Paarmechanismus nicht Eingeweihten zu sehen, wie wir beide uns in unserem Sozialverhalten unterschieden, wenn wir allein, ohne den Partner, die Bühne betraten. Dann schienen wir anders und andere zu sein, eben wir selbst.

Die kritische Situation wurde dadurch verstärkt, dass jeder von uns beiden wusste, zumindest ahnte, dass aus der Distanz die Bereitschaft zu friedlichem und vor allem liebevollem Miteinander durchaus gegeben war. Allerdings muss die vorangestellte Beurteilung unseres Zusammenlebens in einigen Bereichen relativiert werden: In den Augenblicken, in denen wir ganz aus uns selbst heraus den anderen sehen konnten, gewissermaßen schutzlos und offen, war unser Verhältnis zueinander nicht als belastet anzusehen. Da bestand ein Grundkonsens, der die Beziehung bestehen ließ, sie am Leben hielt. Es galt, den Mut aufzubringen, unsere jeweilige unbedingte Zuneigung aus der Distanz zur Nähe zu transportieren, wenn auch bisweilen dieser Schritt durch die Komplexität unseres Zusammenlebens wie eine Quadratur des Kreises anmutete. In harmonischen Phasen unserer Ehe erzählten wir einander von unseren Träumen, nur in diesen Zeiten hegten wir nicht die Befürchtung, dass deren Inhalt vom anderen zu negativen Wunschprojektionen umfunktioniert würde. Das Gespür dafür, eine als beglückend und intensiv empfundene Nähe auszuhalten, musste erarbeitet, immer wieder neu unter dem karstigen Geröll von Neid und Ablenkung freigelegt werden. Die Unfähigkeit, den Status der tolerierten, freiwillig zugestandenen Nähe über einen längeren Zeitraum aufrechtzuerhalten, schlug zuweilen jäh und unvermittelt in enttäuschte Wut um, in eine rauschhafte, destruktive Phase, die in wenigen Minuten das zarte Pflänzchen des unmittelbar zuvor erlebten Konsenses verdorren ließ. Das Leben als immerwährender Kampf der Geschlechter. Ursprünglich hatte meine Planung anders ausgesehen, mit geprägt von klischeehaften Idealkonstellationen aus Trivialromanen, die ich als Kind verschlungen hatte, aber auch beeinflusst von Lebensträumen meiner Mutter, die nach Meinung ihres Vaters unter ihrem Stand geheiratet hatte und nun Vorstellungen vom Dasein anhing, die denen von jungen Mädchen aus besseren Kreisen in deren Fantasien in nichts nachstanden. Mir wurde als Kind und Jugendlichem allzu häufig suggeriert, dass das Leben, so wie die Familie es führte, im Grunde nicht das eigentliche, das wahre sei. Eine Umkehrung des Verhältnisses Wunschvorstellung zu Wirklichkeit vermittelte mir nie das Gefühl, so, wie es nun einmal sei, sei es richtig, gut und lebenswert. Da war es wieder, das Phänomen, Träume über den Alltag zu stellen, eine Idealisierung von Bedingungen, deren Verwirklichung bei nur minimaler Selbstkritik unerreichbar bleiben musste. Wie ich später erkannte, leitete sich aus diesem Missverhältnis von Ideal gegenüber dem Alltag die Sehnsucht nach Erfüllung eines mir unablässig vorgespiegelten Lebens ab, mein Blick richtete sich stets in imaginäre Zukunftsszenarien, die Gegenwart, das aktuelle Dasein verschaffte mir folgerichtig nur unzureichende Befriedigung. Wie der kleine Häwelmann[9] verlangte mich nach mehr, nach Besserem, die daraus resultierende Unzufriedenheit sublimierte ich durch überzogene Kritik an nahezu allen Lebensbedingungen.

Der Vater, nach dem Krieg ohne Berufsausbildung und als Hilfskraft im Büro seine berufliche Laufbahn beginnend, die ihn Jahrzehnte später kraft seines Fleißes und seiner Ausdauer nach »oben« und zu bescheidenem Wohlstand führte, hatte im familiären Bereich nicht mehr die Kraft, das unrealistische Weltbild, das seine Frau auf ihren Sohn projizierte, zu korrigieren. Fehlende Energie war es auch, die ihn veranlasste, den bequemeren Weg der doktrinären Kritik an seinem Sohn statt konstruktiver Auseinandersetzung im Rahmen eines liebevollen Vater-Sohn-Verhältnisses zu wählen. Er ahnte zwar, in welchen Konflikt der heranwachsende Junge durch die Einflüsterungen der Mutter geriet, er erkannte, dass der Hochmut, die Arroganz des Kindes nicht dessen innerer Empfindung und Überzeugung entsprach, aber die aus der beruflichen Überbelastung resultierende Müdigkeit und mangelhafter Wille bewirkten, die Dinge so laufen zu lassen, wie sie nun einmal liefen, kurzum, die zweifellos vorhandenen substanziellen geistigen und körperlichen Anlagen des Kindes, des Jugendlichen wurden in der Realität nicht gefördert, ideell aber derart überbewertet und als kaum verbesserungsbedürftig eingestuft, dass ich das verschobene, schiefe Koordinatensystem, meine Person betreffend, mit hinaus ins feindliche Leben nahm.

Die schon mehrfach erwähnte harsche Kritik an meiner Person, die Nichtanerkennung meiner Leistung stehen also zu dem Vorangestellten nicht im Widerspruch, sondern stellen lediglich

9 Kinderbuch von Theodor Storm.

zwei Seiten derselben Medaille dar. Welches Kind wächst schon gern zwischen Baum und Borke auf, badet abwechselnd in zu heißem oder zu kaltem Wasser, erträgt den Spagat zwischen »Hosianna« und »Kreuziget ihn«? So ist zu verstehen, dass ich als Unfertiger, als Unsicherer und Zweifelnder die Realität mit dem Wunschbild des Lebens verwechselte. Wie sehr empfand ich die herbe Kritik an meinen Aussagen und Handlungen als ungerecht, überzogen, wie oft schätzte ich meine Leistungen falsch ein, bewertete sie sowohl im Augenblick als auch aus der Erinnerung heraus besser als angemessen. Die belastete Situation zwischen Vater und Sohn, der überhöhte Anspruch meiner Mutter an mich, das daraus resultierende Unzulänglichkeitsgefühl meines Selbst, eine unglückselige Verknüpfung von Bedingungen, erschwerten Voraussetzungen sowohl für eine berufliche Laufbahn als auch für ein partnerschaftliches Verhältnis im Sinne gegenseitiger Toleranz und selbstverständlichen, unabdingbar notwendigen Respekts.

Wie sehr lässt sich die Öffentlichkeit, die Außenwelt täuschen von materiellem Wohlstand, von lächelnden Gesichtern, von scheinbar souveräner Gestik und Mimik, von perfekt dargebotenen sozialen Repräsentationen, wie nahe ist das überlegene Lächeln den bitteren Tränen, die geweint werden müssten aus der Erkenntnis heraus, den eigentlichen Sinn des Daseins zwar zu kennen, aber nicht gelebt zu haben, aus Bequemlichkeit, aus dem Umstand, Erfolg an der Stärke des Beifalls Dritter zu messen, statt sich selbst zu fragen, ob »Bedürfnislosigkeit nicht der größte Reichtum des Menschen« (Franz Werfel) sei. Die Frage trieb mich um, ob ich dieses Bild eines authentischen, unbeeinflussbaren und wahrhaftigen Menschen irgendwann einmal als mir zugehörig erkennen könnte. Die Angst vor einem möglichen Eigenlob allerdings ließ mich diese Gedankengänge abbrechen, wie viele positive Akzente ich unter dem Deckmantel meines Wunschtraums auch hätte setzen wollen. Mir fehlte zur Realisierung derart projizierter Ziele noch der Mut, die Konstanz, andererseits wehrte ich aber auch das Gefühl von Unfähigkeit, diese Pläne in die Tat umsetzen zu können, verächtlich ab, mich gewissermaßen von vornherein klein machend, was sowohl Schutz als auch Schwäche zugleich verhieß. Verachtung und Ironie ertrug ich zuallerletzt; ich fürchtete mich vor Äußerungen Dritter, besonders aber denen meiner Frau, die im Tenor die mir verhassten Zuordnungen beinhalteten. Durch meine Geradlinigkeit im Geiste, weniger positiv auch als Naivität oder Infantilität benennbar, zeigte ich mich derlei verbalen Attacken gegenüber hilflos und reagierte zu eigenem Leidwesen mit Aggressivität auf ironische Verachtung oder verächtliche Ironie. Dennoch, mit Klauen und Zähnen versuchte ich, an dieser Grundeigenschaft festzuhalten, sie schien mir zum Bereich der Kindheit zu gehören, die für mich noch nach Jahrzehnten einen Teil des Paradieses darstellte, wenn auch mit den bereits erwähnten negativen, mich traumatisierenden Erlebnissen umschattet.

Das unbedingte Beharren auf der grundsätzlich bestehenden Ganzheit meiner Person, die ich in den Jahren des Leidens am Ohrgeräusch, an der Grenze zur Aufgabe der mir auferlegten Pflichten bewahrte, war mein Rettungsanker. Auch der wiedergefundene, wenn auch individuell gestaltete Glaube und die Rückbesinnung auf die Kraft des Überlebenswillens trugen ihren Teil dazu bei, mir eine Lösung der inneren Anspannung, an der ich zu zerbrechen drohte, aufzuzeigen. Münchhausen zu spielen oder sich vorzustellen, wie ich mich am eigenen Schopf aus dem Sumpf ziehen könne, ist sicher schon schwer genug, aber das scheinbar Unmögliche dann doch zu vollbringen, gibt Kraft für zukünftige Aufgaben jeglicher Art. Sich in späteren schweren Zeiten an die Dankbarkeit zu erinnern, die ich empfand, als ich die jahrelange Tortur überwunden hatte, schien mir eine stetig wiederkehrende Notwendigkeit zu sein, derer ich mich zwar nicht immer freiwillig, aber letztlich einsichtig stellte. In dunklen Stunden ein Licht aus sich selbst heraus zu produzieren, in kalter Zeit ein Feuer zu entfachen, das von innen wärmt, diese Erfahrung wird demjenigen zuteil, der auf eigene Ressourcen zurückgreift, sich nicht scheut, den schweren, direkten Weg zum eigenen Ich und dessen Vorstellung vom Leben jedwedem Ausweg vorzuziehen, Umleitung ausgeschlossen. *Fremdbestimmung* versus *Eigenbestimmung*, ein Duell, das gerade Menschen mit meiner oder ähnlicher Biografie zuungunsten des eigenen inneren Willens oft genug verlieren, wird zum Gradmesser der Entwicklung zur Mündigkeit.

Wird eine entschiedene Verlagerung des gewohnten Verhältnisses von Fremd- zur Eigenbestimmung zu Gunsten letzterer erreicht, kann diese Neuorientierung im Bereich der zwischenmenschlichen Begegnung eine positive Akzeptanz durch Dritte zeitigen. Markant, eindeutig, unverwechselbar, derlei Attribute werden dem wie neu Gewordenen zugeordnet. Da entsteht ein stiller Stolz, eine Eigenbestätigung ohne das Gieren nach Bestätigung von außen. Der mit schwarzem Schotter belegte Weg meines Wiederholungstraums, der stetig ansteigt, sich mit der Steigung verengt, ist mutmaßlich eine Metapher des Weges zu sich selbst. Jeder hat seine eigene Last zu tragen, die Bereitschaft des Trägers, die Schwere der Bürde zu akzeptieren und sie nicht zu beklagen oder dem Schicksal anlasten zu wollen, heißt, Leidensdruck aushalten zu können. Flüchten oder Standhalten, jeder hat die Wahl, jeden Tag, immer wieder. Wer kennt nicht die Verlockungen des Ausweichens, der vorübergehenden Betäubung durch Ablenkungen jedweder Art, das Erwachen aus der »Verdrängungsnarkose« aber schmerzt. Es hilft nichts – erst das offene Visier, der klare Blick aufs Unvermeidliche führt zu Erkenntnis. Irgendwann wird die Rechnung präsentiert für das, was nicht hätte in der Weise passieren dürfen; mit anderen Worten, wider besseres inneres Wissen vorzugehen zahlt sich nie aus. Ein Gefühl der Reue entsteht. Was steckt hinter diesem Begriff? Offenbar nicht nur das Naheliegende, nämlich ein Schuldbewusstsein, sondern auch ein Schmerz, ein offenkundiges Gefühl der Unfähigkeit, objektiv mit seinen Bewertungen umzugehen. Der Grad der Befähigung, das intuitiv Richtige zu tun, das, was den eigenen Kriterien standhält, ist Ausdruck der Unabhängigkeit von sozialer Anerkennung, vom Urteil Dritter. Dies scheint ein weiterer Schritt zu sein auf dem Weg zum unverfälscht empfundenen Selbst.

Und dennoch, wie schnell durchkreuzen Alltagsprobleme und Ereignisse diesen erwünschten Weg nach vorn. Oft scheint alle Mühe umsonst, der Preis für das im Grunde heilsame Prozedere für das Selbst wird erkauft mit Einsamkeit und Unverständnis von dritter Seite. Utopist, Idealist, Spinner sind noch harmlose Bezeichnungen, mit denen die um die optimale Lebensführung Ringenden etikettiert werden. Soziale Stigmatisierungen sind nicht auszuschließen, ein Paradoxon angesichts der Grundhaltung des zu unbeirrter Analyse bereiten Menschen. Sozusagen ein um 180 Grad in die andere Richtung gepolter Raskolnikow[10], der seine Fantasie vom nahezu mit sich selbst identischen Menschen eben nicht in eine vom christlich abendländischen Standpunkt aus gesehen negative Handlungskette umsetzt, wie die Romanfigur es tut, sondern durch »produktiven Egoismus« indirekt auch zur gesellschaftlichen Konsensentwicklung beiträgt und Vorbild sein kann. Nicht formelhafte oder ordnungspolitische Maßnahmen führen letztlich zu einem befriedigenden Miteinander, sondern jeder Einzelne könnte und sollte der durch eine zunehmende Technisierung, Veräußerlichungstendenz und Bindungsarmut entmenschlichten, sinnentäußerten Welt sein individuelles humanitäres Programm entgegensetzen.

Sehr oft hatte ich mir schon morgens gewünscht, es möge Abend werden, war mir aber nicht klar darüber geworden, warum mir ein derartiger Gedanke bereits im jugendlichen Erwachsenenalter kam. Hatte ich eine »Krankheit zum Tode«, war es eine Sehnsucht, zu einem Ende zu kommen, der lästigen Alltagspflichten, der Dinge des Lebens überhaupt ledig zu werden, zu träumen, ich könne mich, von der Abendsonne beschienen, zurücklehnen und mein Herz ausschwingen lassen? Hatte ich nicht immer gespürt, auf derlei Signale hören und achten zu müssen? Jedoch, keine Geduld, kein Mitleid, es soll arbeiten das Herz, wozu ist es sonst da. Und wenn ich das Gefühl hatte, allein gelassen worden zu sein, hintangesetzt, gedemütigt, scheinbar im Stich gelassen, dann sagte mir mein Herz doch auch, dass es litt, freier atmen wollte, aber so, immer eng, wenig Luft, Beklemmung, nur nicht darüber reden, nur nicht zugeben, dass man alles besser gefunden hätte als die jeweilige Situation. Es

10 Titelheld des Buches »Schuld und Sühne« von Fjodor Dostojewski.

gab Augenblicke, die mir besonders zur Qual wurden, wenn ich mich nicht ernst genommen fühlte, obwohl mir durchaus danach war. Wenn mein Rat, meine Wünsche bagatellisiert, gar überhört, nicht zur Kenntnis genommen wurden. Ich entwickelte Mechanismen, meine Trauer, meine Scham und meinen Zorn mit schicksalhafter Bestimmung zu erklären. Es gäbe eben die im Licht und die im Schatten, nichts zu machen, leide, ohne zu klagen. »Verzagt« war eine mir geläufige Vokabel, die meinen Gemütszustand zu beschreiben schien. Zurückziehen, ausweichen, nicht aus Überzeugung, nein, aus Gewohnheit, es war mir anerzogen, ja, eingebläut worden. Kriterien, wann ich zu widerstehen und wann ich zuzustimmen hatte, fehlten mir weitgehend. Die daraus resultierende Unsicherheit in der Beurteilung sozialer Beziehungen vermittelte ich anderen durch mein Auftreten, meine Gestik und Mimik. Entweder überschäumend oder unterwürfig, nur selten zurückhaltend überzeugend, viele Worte um wenig Inhalt, meist das Maß der Mitte verfehlend. Ein Teufelskreis stellte sich ein, nahezu gesetzmäßig, irgendwo in diesem verhängnisvollen Kreislauf überdrehte ich, und Fehlreaktionen wie Jähzorn und unangemessener Aktionismus waren die Folge.

Eigenartigerweise galt das alles nicht für mein Verhalten im ärztlichen Bereich. Eine mir immanente Sicherheit vermochte mich zu schützen. Ein anderer Mensch sei ich in der Praxis, sagte eine Freundin meiner Frau, die mich bis dahin nur aus meinem Privatleben gekannt hatte. Ein anderer Mensch, ein zweiter, ein gespaltener, der, den ich hier und da schon gesehen zu haben glaubte, lange dachte ich über diese Bemerkung nach. Mir erschien besonders wichtig, ein eigenes Kriterium für eine Selbstbeurteilung zu entwickeln, gewissermaßen eine subjektive Objektivität. Quadratur des Kreises? Niemand verlangt Perfektion bei diesem Vorgehen, aber das ehrliche und bewusste Bemühen mag hinreichend sein, um die Augen vor dem Spiegel aus Scham nicht wieder schließen zu müssen. Schau dich an, rede mit dir, frage nach, wende ein, widersteh, widersprich, halt dagegen, sicher, ein merkwürdiges Gefühl, sich für Minuten oder länger unverwandt ins eigene Gesicht zu schauen.

Der Blick geht zunehmend nach innen, Assoziationen stellen sich ein, die Vielzahl miteinander konkurrierender kontroverser Empfindungen verwirren mich, den Betrachter vor dem Spiegel. Einerseits erkenne ich mich allmählich besser als den, der ich mutmaßlich sei, andererseits kommt ein Fremdheitsgefühl auf, ein von mir Besitz ergreifendes Trugbild, das beeindruckender scheint als das mir gewohnte. Dieser Jemand im Spiegel, seine Mimik, erkenne ich den als wirklich an oder überlagert eine Traum-, eine Wunschvorstellung vom Selbst das sichtbare Äußere?

Immer wieder ergab sich in Gesprächen mit meiner Frau die Situation der Schuldprojektion. Ich sei »schuld« an der ihr ungenügenden, sie unbefriedigenden beruflichen Ausbildung, die gänzlich anders verlaufen wäre, hätten wir nicht allzu früh unser erstes Kind bekommen und so weiter und so fort. Abgesehen von der Notwendigkeit, sich nach einer gewissen Zeit mit den gegebenen Realitäten abzufinden und arrangieren zu müssen, scheint es müßig, aber dessen ungeachtet aufzeichnenswert, um das Rad der persönlichen Geschicke fiktiv in eine andere Richtung rollen zu lassen – was wäre gewesen, wenn?

Träume und Wünsche können das Alltagsgrau beleben, wenn sie nicht die Realität überlagern, entwerten und dazu verführen, Projektionen vorzunehmen, die das zwischenmenschliche Klima inklusive die Paarbeziehung vergiften und belasten. Gewiss ist die tägliche Analyse der Missliebigkeiten, die uns treffen, schwer genug, aber der Lohn der Mühe ist die Erkenntnis, das Schlechte als das Schlechte erkannt und akzeptiert zu haben und sich am Guten als dem Guten erfreuen zu können. Nichts fällt so leicht, wie die Geschehnisse subjektiv unbeeinflusst zu lassen, nichts aber hebt den Menschen auf eine höhere Stufe als Anerkenntnis der Wahrhaftigkeit vor sich selbst. Erst die Demut, die einen überkommt, wenn man die Einsicht in Unabänderlichkeiten akzeptiert hat, nach erfolgter Zwiesprache mit dem Ich, verschafft ersehnte Befriedigung. Zwar ist nichts so relativ wie mein eigenes Urteil, wichtig scheint nur, dass ich das auch weiß.

Das Kind, das ich war, durfte keinerlei Verantwortung tragen, weil mir selbstständiges Handeln nicht zugetraut wurde, ich dazu, aus welchen Gründen auch immer, nicht einmal angeleitet wurde. Stets in diesem seitens der Autoritäten abgesteckten Rahmen zu bleiben, zuverlässiger Erfüllungsgehilfe der anderen zu sein, zu werden und zu bleiben, diese Maxime ruft in einem gesunden Menschen Widerstände hervor, früher oder später. Der Freiheitsdrang, die Suche nach weiten Landschaften, unübersehbarer Ferne, der Drang zu gefahrvollen Abenteuern, die es galt, vornehmlich ohne fremde Hilfe zu bestehen, die Vorliebe in der Literatur für einsame Helden, für Protagonisten in Grenzsituationen, verdeutlichte meinen Hang, es mir und anderen zu zeigen, zu beweisen, dass Leben nicht vornehmlich ein Funktionierenmüssen aus zweiter Hand bedeutet, sondern eigenbestimmtes Handeln zum individuellen Glück führt.

Die Erfahrung lehrte jedoch, dass umständehalber und selbst unter den Bedingungen der Bewusstmachung der Problematik ein reibungsloses Umsetzen der Vorsätze von der Theorie in die Praxis über lange Zeit nur unvollständig und für mich unbefriedigend gelang. Gerade, weil die Voraussetzungen für derlei Intentionen in der Kindheit und Jugend nicht verinnerlicht wurden, fiel mir die Durchsetzung meines Vorhabens umso schwerer. Sowohl der Leidensfähigkeit als auch entschlossenem Handeln sind Grenzen gesetzt, was zur Folge hatte, dass das daraus resultierende Unzulänglichkeitsgefühl wiederum zu unangemessenen Reaktionen auf verschiedenen Gebieten führte. Mithin bekamen sowohl ich als auch die anderen häufig eine falsche Vorstellung von meinem eigentlichen Ich. Nicht verlassen wollte ich mich auch auf den Satz, »dass mich die Welt kenne, auf dass sie mir verzeiht« (August Graf von Platen). Er hätte mir möglicherweise geholfen, mir aber nichts erleichtert, mir Situationen erspart, in denen ich mich aufgrund des mir innewohnenden Zwiespalts verrannt hatte, mit anderen Worten, die Relativierungen der eigenen Ansichten und Handlungen stellen letztlich eine Art Schutzmechanismus der Seele dar, eine psychohygienische Maßnahme, Säuberung und Klärung der Verhältnisse des Ich zur Umwelt insgesamt. Wie oft kam mir der Text der Bachkantate in den Sinn, dass es Abend werden solle, da der Tag sich geneiget habe. Die Vorstellung, es sei nun genug, erschütterte mich, Gleichaltrige kamen meines Wissens nicht auf derartige Gedanken. Ich hätte mir damals die Frage nach der offensichtlichen Diskrepanz zwischen tatsächlichem Lebensalter und Altersempfindung stellen müssen, wenn ich mir die Mühe gemacht hätte, das eigene Bewusstsein zu aktivieren.

Das Laufen wurde meine Leidenschaft, die stetige Bewegung über längere Zeit empfand ich wie eine dynamische Meditation. Auch während der als besonders verstörend erlebten Zeit des Tinnitusleidens konnte ich während des Laufens aufatmen. Der Wind, das Wetter, die Luft, die Gerüche der Natur, des Waldes, der Felder und Wiesen, wenn nicht als Rausch, so betrachtete ich die zur täglichen Gewohnheit werdende sportliche Betätigung doch als therapeutische Maßnahme. Für meine Persönlichkeitsstruktur geradezu typisch schien ich das Maß meiner läuferischen Tätigkeit zu überschreiten, dem Laufen wurde ein nicht unbeträchtlicher Teil des Alltags untergeordnet. Der Protest meiner Frau blieb nicht aus, die fehlende Aussprache über den Sinn und die unbedingte Notwendigkeit des vorderhand rein sportlichen Hobbys produzierte Unverständnis auf ihrer und daraus resultierend Erbitterung auf meiner Seite. Eifersucht auf etwas, was mich mit Leidenschaft und Hingabe erfüllte, Ärger über die scheinbare Missgunst auf eine aus meiner Sicht unabdingbar notwendige Betätigung, der latente Konflikt wurde sowohl um ein Thema erweitert als auch zeitweilig auf eine andere, die Harmonie wiederum bedrohende neue Ebene transportiert. Die verbalen Auseinandersetzungen gipfelten in den Vorwürfen ihrerseits, ich verfolge eine fixe Idee, stehle meiner Familie Zeit, die einer verpflichtenden Zuwendung hätte gewidmet werden müssen, während meine diffus und hilflos wirkende Entgegnung eher in Form eines übertriebenen Gebrülls und ohnmächtiger Wut vorgebracht wurde. Die fehlende Akzeptanz meiner Argumentation, wie auch immer sie gestaltet gewesen sein mochte, war damit programmiert. Wieder beherrschte mich eine zerstörerische Unnachgiebigkeit, die nach Beendigung des selbstanalytischen Prozesses so nicht mehr ihre Auswirkungen zeigte.

Auch in anderen Bereichen war ein Phänomen zu beobachten, das zur Vergiftung des Klimas in der Paarbeziehung beitrug: der Neid. Der eine gönnte dem anderen oft genug Materielles wie auch Immaterielles nicht, was objektiv betrachtet durchaus nicht so sehr den Charakter eines egoistischen Tatbestands erfüllte, sondern dem anderen im gegebenen Fall das Gefühl des Zukurzgekommenseins vermittelte. So fügte sich oft ein Punkt zum anderen, letztlich wurden Banalitäten wie unter einem Brennglas zu grundsätzlichen Problemen. Müdigkeit, Apathie und Gleichgültigkeit waren nicht selten Gäste im eigenen Haus. Selbst Dritten gegenüber wurde der Schein des erfolgreichen, angesehenen, an Wohlstand zunehmenden Ehepaares öfter nicht mehr gewahrt. Und doch, so sehr ich zuweilen empfand, zu zweit allein zu sein – eine Trennung, eine andere Partnerin oder vergleichbare Auswege suchte und erwog ich nicht, wollte ich wohl auch nicht finden. Die Beziehung hatte und hat Bestand, in guten wie in schlechten Zeiten. Der Strom der Missliebigkeiten staute sich, aber der Damm hielt.

Der Wunsch nach räumlicher Distanz gaukelte mir ein Szenario vor, das sich mir in ähnlicher Konstellation auch in einem Traum präsentiert hatte: Für Jahre lebte ich bereits getrennt von meiner Familie in einem weit entfernten, den anderen unbekannten Land. Ein Land mit Meeresküste, ein Touristenziel. Was mich dorthin verschlagen hatte, wusste ich nicht, einen Beruf übte ich offensichtlich auch nicht aus. An einem hellen Sommertag, ohne ein Wölkchen am tiefblauen Himmel, eine schier unübersehbare Schar von Touristen drängte sich am Meer, der Lärm, die Hitze, ich blieb gleichgültig gegen derlei Äußerlichkeiten, fühlte ich mich doch gewissermaßen bereits als Einheimischer, der umständehalber, welche Umstände das waren, blieb mir verborgen, an diesem Tag meinen Weg über den Strand nahm. Ich schien wie entrückt, nahm das Durcheinander nicht bewusst wahr, als ich hinter mir eine Stimme aus der Vergangenheit vernahm, vertraut, allzu bekannt. Ich erschrecke, erstarre, ein Gewirr von Gedanken und Erinnerungen strömt aus allen Richtungen auf mich ein, Emotionen vermischen sich mit rationalen Überlegungen, fast erstaunt bin ich über die Unmittelbarkeit, mit der die verschiedenartigsten Facetten menschlicher Empfindungen meine Person überfallen. Ich halte den Atem an, bin wie gelähmt, ein Gedanke gewinnt schließlich die Oberhand: Es ist vorbei, dreh dich nicht um, was soll werden, wenn du dich zu erkennen gibst. Siegerin bleibt, wie nicht anders zu erwarten war, die Emotion über die Ratio, und nach langer, sehr langer, grausam langer Zeit blicke ich dem Menschen wieder ins Gesicht, den ich wie niemand anders vor und nach ihm geliebt habe, der mir alles gegeben, aber auch vieles genommen zu haben schien, wie ich über Jahre glaubte. Diesen Blick erinnere ich noch im Traum, das Gefühl, das ich beim Erwachen habe, ist mehr als zwiegespalten. Die Sehnsucht nach Distanz und Ferne, die mir Luft in einer zu eng gewordenen Bindung verschaffen würde, steht in Konkurrenz mit dem Bewusstsein des drohenden Verlustes, so, als wäre dieser Traum ein prophetisches Menetekel für eine baldige Trennung, wie auch immer diese zu vollziehen sei. Begrifflich scheint das Wort »Trennung« falsch gewählt, »Klärung der Standpunkte« umschreibt besser, was mir insgeheim, auch im Traum, vorschwebte.

Distanz und Nähe – ich nehme mir vor, ein ausgewogenes Verhältnis zwischen diesen beiden Polen zu schaffen, um meine Partnerschaft zu retten, notfalls neu zu beleben. Diese Vorsätze deute ich für mich als ein existenzielles Interesse an der Partnerin, der Tod der Beziehung, die alles lähmende Gleichgültigkeit hat noch nicht Besitz von mir ergriffen. Die Zerrissenheit meiner Empfindungen wird mir häufig genug, besonders in Grenzsituationen, schmerzlich bewusst. Sie behindert und katalysiert mich und meine Handlungen im selben Augenblick, schwer genug fällt es mir, meiner inneren Not Herr zu werden, sie nach außen zu verbergen. Die Skrupel, die mich mürbe zu machen drohen, und die Vitalität, die sich gegen das Aufgeben, das Resignieren wehrt, stehen sich nahezu gleichberechtigt gegenüber. Hier werde ich als Mensch in der Totalen gefordert, Entschuldigungen oder Erklärungen, mein Sosein habe nicht ich, sondern meine Fehlentwicklung in der Kindheit und Jugend zu verantworten, nützen mir nichts, Ausreden vor meinem Ich sind Selbsttäuschungen, lassen meine Persönlichkeit auf ein früheres Entwicklungsstadium zurückfallen. Es gibt Zeitpunkte der Entscheidungen, der endgültigen Weichenstellung für die Zukunft, da wird jede Sekunde zur elementaren Auseinandersetzung des realen Ich mit dem Wunsch-Ich, ein Aufschub kann nicht gewährt werden, anderenfalls droht ein irreparabler Schaden für die Seele. Man muss sich selbst lieben, achten, schätzen, wenn man den Kampf gewinnen will, trotz der Makel, die allzu lange bekannt, aber auch lange genug verdrängt worden sind. Zum wiederholten Male sei es angeführt: »Produktiver Egoismus« ist angesagt, ein Paradoxon nur auf den ersten Blick, der Schleier Verdeckung verwischt Konturen, deren Schärfe nicht Härte, sondern Eindeutigkeit, Klarheit bedeuten, das eigene und das Leben mit den anderen erst zu einem bewussten, substanziellen Dasein gestalten. Das Gefühl der Sehnsucht oder auch der unergründlichen Trauer drückt Mängel aus, das Fehlen von substanziell Erlebtem, die unvollständige Erfüllung der Zielvorstellungen des Menschen, der sich aus eigenem Antrieb, eigener Anstrengung aus dem Dilemma der Oberflächlichkeit befreien kann, sofern die Bereitschaft und der Wille vorhanden sind. Ungeduld, um sein angestrebtes Ziel zu erreichen, ist jedoch fehl am Platz. Die Rückschau aus einer Zeit, die mich bereits als erfolgreichen, beliebten und geschäftstüchtigen Arzt zeigt, konnte leider nicht Vergleichbares von meinem psychischen Status berichten. Im Gegenteil, je höher ich die Leiter der sozialen Anerkennung hinaufstieg, umso mehr schien ich Schaden an meiner Seele zu nehmen, die sich folgerichtig immer öfter vernehmlich meldete. Warum hinterfragte ich nicht, warum wunderte ich mich nicht, dass der berufliche Erfolg und die damit verbundene soziale Anerkennung kein in mir tief empfundenes Glücksgefühl auslösten, ich meine Unzufriedenheit lediglich der Arbeitsbelastung zuschrieb, ich die in mir aufkommende Unruhe, wann ich endlich und ausschließlich ich selbst sein könnte, ohne ständig Funktionsträger zu sein, als unbedeutend verwarf, so, als ob diese Frage als nicht zulässig galt und nicht im Grunde die oder eine der wichtigsten Fragestellungen unseres Daseins überhaupt wäre. Fragen, Aufbruch, Abschied?

Ein Wort sei in diesem Zusammenhang über den Begriff *Abschied* erlaubt, gleich, von was oder von wem, sei er scheinbar freiwillig oder erzwungen. Welche Gefühle bewegen den Menschen, wenn ihm eine Trennung von jemandem oder von etwas bevorsteht? Sicher wird in der Regel der Begriff der Trauer erwähnt werden, des Schmerzes aufgrund eines Verlustes, eines Defizits oder Ähnlichem. Wie aber ist es, wenn der Abschied von etwas als quälend Empfundenem ansteht, eine Trennung von jemandem oder von etwas als reinigendes Bad, als befriedendes Element erlebt wird? Die Bedeutung des Begriffs wird dann ins Gegenteil verkehrt, aus negativ wird positiv, aus Verlustangst Freude an der Freiheit *von* etwas. Sehen wir nicht allzu häufig Dinge nur von einer Seite, scheuen davor zurück, uns umzuwenden, die Blickrichtung zu ändern, das Problem aus größerer Distanz neuerlich zu beurteilen? Die Wachheit unseres Geistes gilt es zu fördern und zu bewahren, um scheinbar ausweglose Positionen zu unseren Gunsten in uns stärkende Stellungen zu verwandeln. Damit ist nicht gemeint, vor sich und anderen ein Schauspiel aufzuführen, etwa Tränen durch ein Lächeln zu verbergen, sondern am Beispiel des Begriffs »Abschied« Möglichkeiten auszuloten, die uns andere Wege aufzuzeigen imstande sein können, als sie unseren eingefahrenen Denkgewohnheiten entsprechen. Abschied als Neubeginn, Akzeptanz, aber auch des möglichen Verlustes, des Endes, der Endlichkeit.

Meine Ehrlichkeit, Wahrheiten anzuerkennen, mein Stolz, auch meinen eigenen Erkenntnissen nicht aus dem Weg gehen zu müssen, verleiht mir Flügel. Ein stilles Glück im Winkel, unteilbar, nicht vorzeigbar, auch nicht beweisbar, aber *authentisch*, ein Attribut, das ich im Laufe der Zeit als elementar einzuschätzen gelernt habe. Was ist schon schwieriger, als bei sich selbst zu bleiben in Situationen, in denen man es vorzöge, überall, nur nicht da zu sein, wo man gerade ist, oder auch von sich abzurücken, gerade in Augenblicken, die nach selbstverliebter Präsenz verlangen, einen Erfolg zwar anzuerkennen, aber die Umstände, die mitgeholfen haben, zu würdigen, selbstidentische Distanz zu wahren, ein fester Wille und ein starkes Herz, gepaart mit Demut, und siehe, das Zentrum des ersehnten Idealdaseins scheint näher zu rücken. Einen Fahrplan zu lesen oder einen Sitzplatz im Fernzug zu buchen und dann einzusteigen, sind verschiedene Dinge, gewiss. Dennoch, wer immer strebend sich bemüht …

Immer wieder kreisten meine Gedanken um die Wertigkeit und den Sinn des Altruismus. Im Widerstreit meiner Gefühle bauten sich zwei gegenteilige Meinungen auf: einerseits Handlungen zum Wohle anderer als sublimierte Selbstbestätigung zu werten und andererseits einem Bedürfnis nachzugehen, das, im christlichen Selbstverständnis verwurzelt, die gute Tat zur Pflicht macht, ohne auf den Ablass als Belohnung zu warten. Reiner Altruismus scheint ein Widerspruch in sich selbst zu sein, höre ich einen meiner Freunde dozieren, schließlich sei der Mensch der Wolf des Menschen (Thomas Hobbes) und das Fressen komme vor der Moral (frei nach Bertolt Brecht). Schlagen Sie eine Zeitung auf, sei es der politische Teil oder Mitteilungen über die Gesellschaft, über die Wirtschaft, Sport: Der Extremegoismus treibt fröhliche Urständ, »Hoppla, jetzt kommt's Ich« (Titelüberschrift eines Artikels aus »Die Zeit«). Und wenn man doch anders empfände, wäre dann das Persönlichkeitsmerkmal des bekannten Helfersyndroms ausschließlich ein Ausgleichsphänomen für Kindheits- und Jugendtraumata, bedingt durch ungenügende Anerkennung und daraus folgender mangelnder Selbstentwicklung? Sollte es zur Regel werden, Gutes zu tun und dann darüber zu reden? Der Glaube versetzt bekanntlich Berge. Nein, meine Meinung bleibt bestehen, der freie Mensch entscheidet, da bin ich im Sinne des Wortes eigensinnig, aus freiem Willen heraus, etwas tun zu wollen, was vornehmlich anderen nützt, selbst dann, wenn ich frage, welche Auswirkungen diese Handlungen möglicherweise auf mein eigenes Wohlbefinden haben könnte. Soziale Beeinflussungen sind immer zu beachten, schließlich lebt der Mensch nicht in einem Vakuum, man kann ihm dennoch zutrauen, kraft eigener Überlegung Entscheidungen zu treffen, die nicht zweckgebunden, sekundär motiviert und hauptsächlich ökonomisch von Vorteil sind.

Schwermut und Glück

Unablässig und unbeeinflussbar kreisten meine Gedanken, wenn ich Ruhe fand, ganz für mich und bei mir war, kreisten meine Träume, meine Sehnsüchte um das bewusste Erleben der verrinnenden Zeit. Ich ließ meine Todesangst zu, die Furcht vor der Immobilität im Alter, die Abhängigkeit von anderen im Fall meiner geistigen oder körperlichen Versehrtheit. Ich machte mir klar, dass Zeit nicht nur, von wo und wem auch immer, zugeteilt wird, sondern der Takt, das Verströmen der dahinfließenden Einheiten vom Selbst mit Sinn und Zweck angefüllt werden können. Die erlebte Steigerung des Selbstwertgefühls und dessen Konsolidierung entschädigt für alle Mühen, für den nur scheinbar steinigeren Weg, verglichen mit den Zeiteinheiten, die paradoxerweise Freizeit genannt werden. Man fragt sich doch, frei wovon? Begriffe wie Wertekonservativismus, Traditionalismus im Hinblick auf Arbeits- und Sozialverhalten sind durch eine mehr oder weniger medial vermittelte Unterhaltungsindustrie entwertet worden, stehen sie doch im gegensätzlichen Verhältnis zu den Intentionen der großen Verführer mit ihren Konsumanreizen. In diesem Zusammenhang kam mir der Begriff »Zuckerwatte« in den Sinn, einem Produkt, das für Mund und Augen Befriedigung versprach, aber keinen nachhaltigen Eindruck hinterlässt und daher eine umso größere Enttäuschung zurückließ. Um es nochmals anders und kürzer auszudrücken: Es geht nicht um das esoterische Glück im Winkel, es geht um Wahrhaftigkeit, in erster Linie sich selbst gegenüber, aber auch in der Begegnung mit anderen. Grundsätzlich scheint der schwierigere Weg zur Lösung eines Problems auch der auf längere Sicht erfolgreichere zu sein, dem naheliegenden Einwand einer Binsenweisheit könnte mit dem Argument begegnet werden, warum sich dann so wenige an diese Erkenntnis halten. Nachdenklichkeit, Schwermut, Melancholie: typische Attribute des Tinnitusträgers?

Es ist ein seltsam Ding die Schwermut, wird man von ihr erfasst, so hasst und liebt man sie gleichermaßen. Man möchte von ihr befreit sein und sie dennoch nicht missen, nur die, die um sie wissen, können die Gefühlstiefe ermessen, die gewährt wird, gleich einer Droge, die man nimmt, um einen vergleichbaren Zustand zu erreichen. Das Brennglas ist homogen schwarz, aber es brennt und vergrößert zugleich, du vergisst, wer du bist, und bist doch du selbst. Du kannst dich in diesem Zustand verlieren, die anderen sind weit weg, sie verstünden dich nicht, erklärtest du es ihnen, wie deutlich du das Schwere als leicht empfunden beschreiben könntest. Glück ist wie ein Rausch, ein Feuerwerk, das Kind in dir genießt es mit offenem Mund, verklärt. Wirst du nur wenig später gefragt, was du empfunden hast, suchst du nach Worten, kannst es, sprichwörtlich, nicht fassen. Es wäre auch zu schön, um wahr zu sein. Die Schwermut aber, sie hinterlässt eine stete Erinnerung an ihre Wurzeln, das Verzweifeln am Unverständnis, der Ignoranz, des Eigennutzes, der Gleichgültigkeit der Menschen. Du bist voller Wissen, aber keiner will daran teilhaben, sie jagen anderen fernen Idealen nach, du aber stehst daneben und wirst immer stiller, du verstummst. Du bist nicht unglücklich darüber, nein, du bedauerst lediglich, keinen Gleichklang der Empfindungen vermitteln zu können, welch ein Glück jedoch, wenn diese Gedanken auf fruchtbaren Boden fallen, eine harmonisierende Seele, ein Gleichklang entsteht, die Schwermut von zweien nach dem mathematischen Prinzip des Minus mal Minus gleich Plus funktioniert. Das wird das Geheimnis derjenigen bleiben, die von der Umwelt als abgeschrieben gelten, gesellschaftlich nicht einzubinden, vom Zeitgeist Meilen entfernt, ihr individuelles Dasein als ein Miteinander erleben, sich aneinander freiwillig festhalten, wie sehr sie, entrückt von der oberflächlichen Umtriebigkeit anderer, ihr stilles Glück in trauter Zweisamkeit genießen. Sie verraten sich nicht, sie verlieren sich nicht, sie bleiben sich treu, in einer Linearität, die nach innen gerichtet ist, keine Spuren hinterlassend, keinerlei Aufsehen erregend, und selbst dann, wenn sie ihre Situation erläutern, eher Kopfschütteln provoziert. Selig sind, die reinen Herzens sind … Der Kampf um Überwindung der Verführbarkeit scheint heute wichtiger denn je, die Schwermütigen werden ihn mutmaßlich eher als andere siegreich beenden können. Die Medaille hat eben zwei Seiten, der Mut, sie von der scheinbar weniger glänzenden Seite zu betrachten, muss aufgebracht werden und – der Lohn der Angst wird dich entschädigen, so wie Liebe auf den zweiten Blick häufiger von Dauer ist, als man denkt.

Einen elementaren Störfaktor auf dem Weg zur Empfindung des seelischen Gleichmaßes stellte allerdings der Gedanke an das grundsätzlich nicht Erreichte dar, an die verpassten Gelegenheiten, die nicht genutzten Möglichkeiten. Es gilt jedoch: Die Lösung eines anstehenden Problems im Alltag als ersehntes Ziel nicht erreicht zu haben, sollte durch eine, wenn auch bittere, Wahrhaftigkeit sich selbst gegenüber zu ertragen möglich sein.

Nicht dass ich als Pragmatiker meinen Lebensplan auf den Zustand ewigen Glücks abstellen zu müssen geglaubt hätte, machte das Schiller-Wort »So flehe zu den Unsichtbaren, dass sie zum Glück den Schmerz verleihen«[11] für mich durchaus Sinn, die Trauer über das nicht Erledigte überwog dennoch allzu oft. Meine Freunde versuchten, mich mit dem Argument zu beruhigen, die Messlatte meiner Ansprüche sei so hoch gelegt, dass ein Überspringen nahezu unmöglich sei, aber auch eine rationale Akzeptanz dieser Einwände ließ mich nicht meine Kriterien überdenken. Die aus der Kindheit mitgeführte, durch Erziehung verinnerlichte Unfähigkeit, den Ansprüchen meiner Eltern zu genügen, hinderte mich an einer Relativierung meines starren Wertesystems, wenn ich auch im Laufe der Zeit, mehr und mehr unabhängig von der Zustimmung Dritter, aus eigener Kraft erarbeitete Normen zu akzeptieren lernte. »Wer immer zu den Gründen geht, der wird zuletzt zugrunde gehen«, unabänderlich erschien mir das Urteil Gottfried Benns über den zwanghaft Denkenden nicht, ich legte meinen Ehrgeiz in dessen Widerlegung, in die Umkehrung dieser Aussage, hin zu einer grundsätzlich positiven Effizienz von Denkvorgängen.

Die theoretische Vorausplanung eines möglichen Handlungsablaufs grundsätzlich einzuhalten, den Verlauf der Aktion dann als authentisch einzustufen, war mein Ziel. Mir schien einleuchtend, dass schon eine ungefähre Annäherung an das Vorhaben

11 Aus: Friedrich von Schiller, Der Ring des Polykrates.

als ein wünschenswertes Ergebnis einzustufen sei. Allein für das Streben nach dem meiner ureigenen Empfindung nach Bestmöglichen war es wert zu leben. Nicht vornehmlich oder auch unbewusst für andere, sondern ausschließlich für mich selbst. Vom Selbst eine für andere nicht, nur für mich wahrnehmbare wohlwollende Zustimmung zu bekommen, welch eine Belohnung! Wir suchen überall unser Glück, nur nicht bei uns selbst, an der theoretischen Aussage allein kann der Einzelne nicht genesen, die Umsetzung in die Tat verspricht das ersehnte Gefühl der Selbstbestätigung, eine Deckungsgleichheit zwischen innerem und äußerem Wesen. Das bewusste Erleben dieser Transaktion verleiht die Kraft für die Bewältigung zukünftiger Aufgaben. Menschen suggerieren sich nur allzu gern schnelle Erfolge, subjektive Überprüfbarkeit und individuelle Wunschprojektionen scheinen sich nicht selten zu überlagern.

Was aber prägte mich als Arzt, welche Erlebnisse blieben haften, welche Begegnungen halfen mir, zu mir selbst zu finden, und, auch das scheint bedeutsam, welche Begebenheiten warfen mich auf dem Weg zur beruflichen Reife zurück? Im Grunde stellte ich mir immer wieder die Frage, ob ich dem Anspruch genüge, mich Facharzt, also Fachmann für einen bestimmten Bereich der Medizin, nennen zu dürfen. Die offiziellen Bedingungen der Ärztekammer waren dabei nicht maßgeblich, meine Kriterien bezogen sich auf Vorbilder, auf exemplarische Szenarien meines Fachs, auf Ereignisse in meiner Praxis, die ich selbstkritischer als nötig analysierte. Ich erinnerte Grenzsituationen, die nicht nur meine ärztliche Kunst forderten, sondern vor allem meine menschlichen Qualitäten, das Standhalten, sich dem Unabänderlichen zu stellen. Einmal operierte ich ein Kind in meiner Praxis, ambulant in der Mittagspause, die Sedierung wird vermittels eines Zäpfchens erreicht, eine der möglichen, öfter auftretenden Nebenwirkungen dieser sanften Narkose, ein starker Hustenreiz nämlich mit nachfolgendem Glottiskrampf (einem reflektorischen Verschluss der Stimmlippen und daraus resultierendem Atemstillstand von mehr als ein bis zwei Minuten Dauer) wird durch genaue Befragung der Eltern ausgeschlossen. Nein, eine Bronchitis mit dem oben erwähnten

Symptom des Hustens sei in den letzten Tagen nicht aufgetreten. Kurze Zeit nach Gabe des Mittels tritt unerwartet erstmalig ein Verschluss der Stimmritze nach vorangegangenem Hustenanfall auf. Jäh steigen Ärger und Angst in mir hoch. Der neben dem Kind sitzende Vater sieht zu mir auf. Ich bemerke dessen Blick aus den Augenwinkeln, vor allem aber registriere ich die beginnende Blaufärbung der Lippen des kleinen Mädchens, Folge des beginnenden Sauerstoffmangels. Schweiß bricht mir aus allen Poren, ich führe einen Tubus ein, um Sauerstoff zuzuführen und um den Glottiskrampf durch sanften Überdruck zu lösen. Es gelingt, allerdings nur für wenige Minuten. Der eigentlich vorgesehene Eingriff tritt in seiner Bedeutung völlig in den Hintergrund, dessen Durchführung ist längst nicht mehr vorrangig, ich versuche nicht, an das für mich Unvorstellbare zu denken, nämlich einen anhaltenden, nicht zu behebenden Verschluss der Stimmlippen und den damit letztlich verbundenen Tod des Kindes. Schon erwäge ich eine Notkoniotomie (Schnitt zwischen Schild- und Ringknorpel unterhalb der Stimmlippenebene mit direktem Zugang zu Luftröhre und Lunge mit Möglichkeit der Notbeatmung), als ich zum wiederholten Male durch Sauerstoffüberdruckbeatmung in ruhigeres Fahrwasser gelange. Das Kind hustet nur noch zeitweilig, aber es atmet spontan, die Zyanose (Blaufärbung von Haut und Schleimhäuten) bildet sich zurück. Zur Vorsicht weise ich das Kind zur Beobachtung in die Kinderklinik ein. Von dort wird es am nächsten Tag entlassen werden, die Eltern allerdings erscheinen mit dem Kind nie mehr in meiner Praxis.

Wenige Jahre zuvor hatte ich einen Eingriff an einer Speicheldrüse in Vollnarkose durchzuführen, dabei entfernt man das Organ in Höhe des Unterkiefers von außen, den die chronische Entzündung der Drüse verursachenden Stein im Gang dieses Organs vom Inneren des Mundes aus. Es kommt zu einer Blutung, die in Sekundenschnelle Mund- und Rachenraum ausfüllt, ich kann in der Blutmasse das eröffnete Gefäß nicht finden, um es abzubinden und damit die Blutung zum Stillstand zu bringen. Allmählich unruhig werdend, tupfe ich den Bereich zwischen unterer Zahnreihe und Zunge mit Mull aus, warte nicht lange genug, wechsele die blutigen Tupfer zu schnell, das Blut kommt mir entgegen, es bildet sich ein See, wie sich kleine Pfützen bei sintflutartigem Regen zu größeren vereinigen. Wieder habe ich Fluchtgedanken, als ob ich mit der Entfernung vom Ort des Geschehens meine Verantwortung abgeben könnte. Man hatte es mir als Kind ja oft genug suggeriert, ich sei zu nichts fähig, zwei linke Hände ließen kreative handwerkliche Tätigkeiten nicht zu. Der Trotzeffekt, nein, die Einsicht in die kategorische Unabänderlichkeit der Situation verhalfen mir letztlich nicht nur dazu, die Blutung zu stillen und den Patienten zu retten, sondern ich machte auch die spontane Erfahrung einer mir bis dahin so nicht bewusst gewordenen Fähigkeit, durchaus nicht nur mit dem Kopf, sondern auch, unter Missachtung der in mir verinnerlichten Fremdbeurteilung, mit den Händen erfolgreich wirken zu können. Sicher hatte ich schon viele Operationen meines Fachgebietes zur Zufriedenheit aller vorgenommen, dies aber unter dem Schutz der Klinik. Im Bewusstsein, dort notfalls unmittelbar um fachliche Hilfe bitten zu können, schätzte ich die Durchführung dieser Eingriffe anders ein als in dem Augenblick, in dem ausschließlich meine Person gefragt war, nur ich, gewissermaßen im fachlichen Zwiegespräch mit mir selbst.

Dankbar, erstaunt, erschöpft lasse ich diese Minuten vorüberziehen, die Erinnerung an diese und ähnliche Ereignisse sollten später mithelfen, einen Teil der Kraft in mir wachsen zu lassen, die ich benötige, um den Tinnitus zu besiegen. Es ist die Kraft in Form eines Selbstwertgefühls, das ich mühsam aus vielerlei Facetten meines Lebens zusammensetzen muss. Scheinbar eherne Verhaltensweisen aufbrechend, gegen gewohnte Riten ankämpfend, entwickele ich einen Plan zur Veränderung defizitärer Strukturen, die meine Ursprünglichkeit, meine Vitalität und meine als gut und richtig empfundene ursprüngliche Handlungsweise oft hemmten und ihre Umsetzung in die Praxis zu verhindern drohten. Es ist ein immerwährender Kampf, den ich, das wird mir allmählich zur Gewissheit, nur gewinnen kann, wenn mir der lange Atem vergönnt ist, ich letztlich diese Auseinandersetzung als täglich und auf Dauer zu leistende Lebensaufgabe sehe. Es scheint, als ob die Marksteine einer Existenz eher in Form des Durchlebens von Fehlern, sprich, den düsteren, traurigen und zunächst unerfreulichen Ereignissen, gesetzt werden als durch Situationen, die gemeinhin als beglückend, erfolgreich und bestätigend erlebt werden.

Meine Beliebtheit im Praxisalltag geht – sehr viel später, fast zu spät gewinne ich diese Erkenntnis – auf Kosten der Substanz meines inneren Wesens. Je intensiver ich mich den Belangen und Nöten der anderen widme, umso größer wird die Bringschuld meiner eigenen Person gegenüber, meinen ureigenen Interessen, Sehnsüchten, Vorlieben, geheimen Wünschen. Ich werde zum Meister im Verdrängen von Anzeichen, die mir diesen sich vergrößernden Zwiespalt dokumentieren: der Müdigkeit, dem Nachlassen sexueller Aktivitäten, dem geringen Interesse an sozialer Aktivität, der Angst vor Krankheiten, deren Symptome ich immer öfter an mir zu entdecken glaube. Eine Zeit lang kann ich, mit einigem schauspielerischem Talent begabt, die sich verstärkenden Differenzen kompensieren, zunächst ahne ich nur, dass meine Intentionen in eine gänzlich andere Richtung weisen müssten als in die, die ich jahrelang verfolgt habe. Demut muss, in Anlehnung an einen Begriff von Joseph von Eichendorff, aus tiefstem »Herzensgrunde« empfunden werden, von außen zu verordnen ist sie nicht. Die Zwiespältigkeit meiner Existenz wird von den mir Nahestehenden durchaus bemerkt, auch thematisiert, Konsequenzen ziehe ich nicht, an Einsicht, besonders aber am Durchsetzungswillen scheint es noch zu mangeln. Zu sehr lebe ich in meiner Praxiswelt, abgelenkt von den Erfolgen, der Zustimmung, die ich dort erfahre, gemessen an der Zahl meiner Patienten und an meinem Einkommen. Allzu leicht lässt sich ein mahnendes Gewissen durch äußere positive Aspekte besänftigen, von irgendwoher, so irrglaube ich, wird schon Hilfe für mein vernachlässigtes inneres Ich kommen. Ich schätze meine Tätigkeit altruistischer ein, als sie ist, will nicht wahrhaben, dass mein Einsatz materiell überproportional vergolten wird. Immer wieder wird mir das in Diskussionen mit Freunden, die in anderen Berufen vergleichbare Leistungen erbringen, klargemacht, aber ich wehre ab, argumentiere mit der exponierten Stellung, die ein Arzt im Sozialgefüge zu haben vermeint. Nur in stillen Stunden, in denen ich bereit bin, mich dem Korrektiv des Über-Ich zu stellen, erkenne ich, wie intellektuell durchschnittlich, zumindest nicht herausragend, ich und die meisten meiner Kollegen gegenüber der akademischen Klientel anderer Fakultäten dastehen. Die seitens der Gesellschaft verliehenen Anerkennungen gaukeln mir ein Bild vor, das ich bei schonungsloser, ehrlicher Rücksprache mit mir selbst von mir nicht wirklich habe. Dann, aber nur dann, erlebe ich das positive Element im Begriff der Demut, dann, aber nur dann, fällt der sonst häufig praktizierte Zwang zum Renommieren, Großsprecherischen von mir ab, das Paradoxon des Bewusstseins einer inneren Größe im Gegensatz zum äußeren Erscheinungsbild betritt meine Lebensbühne. Das sind Momente des stillen Glücks.

Immer dann, wenn ich mich in der dunkelsten Zeit meines Lebens, vom Tinnitus beherrscht, in Panik über dieses als unerträglich empfundene Symptom verstrickte, immer dann rief ich mir zum Trost diese Sekunden ins Gedächtnis, diese Zeit der ehrlichen Einsichten. Diese habe ich während meiner nahezu zwei Jahre andauernden Psychotherapie gewonnen. Auch dieser Bericht beruht überwiegend auf Reflexionen, die durch die spannungslösende Wirkung der Psychotherapie entstehen. Sie halfen mir, meine Suizidgedanken für einige Zeit zu vertreiben, eine Ahnung von Rettung aus der scheinbar ausweglosen Situation drängte sich mir auf, wenn auch der ungläubige Thomas, der von der Unheilbarkeit seines Ohrensausenleidens überzeugt zu sein schien, noch die Oberhand behielt. Doch »wo die Gefahr am größten ist, naht das Rettende auch« (Friedrich Hölderlin).

Besonders an Sonntagabenden fand ich keine Ruhe, die innere Anspannung ließ mich nicht einschlafen, halb wachend, halb träumend graute mir vor dem Wochenanfang, dem Hamsterrad, den Mühlsteinen, die sich mir von allen Seiten näherten, die mir von Jahr zu Jahr größer und schwerer erschienen. Ich sehnte mich danach, die Gründe für die latente anspannende innere Unruhe, die ich allein, mit mir selbst im Zwiegespräch, offenbar nicht eindeutig benennen konnte, jemandem mitzuteilen, der nicht grobkörnig und wenig differenziert sofort an des Lebens Härte, an Pragmatismus und Pflichterfüllung appelliert: aufgrund der Tatsache, dass ich bisher erfolgreich agiert hätte, könnte mir doch nun die Bewältigung meiner psychischen Schwierigkeiten nicht so schwer fallen. Welches Bild hatten andere von mir und welches ich von mir? Schon als Kind hielt ich nächtliche Monologe, Reden und Dialoge mit mir selbst und imaginären Individuen, liebte es, mir vorzustellen, die in meinen Ausführungen enthaltenen Sentenzen seien wichtig für andere, ja, lebensnotwendig.

Appell des Alter Ego

Wieder einmal ist einer jener gefürchteten Sonntagabende gekommen, ich liege bereits im Bett, da habe ich das Gefühl, jemand setze sich zu mir, ich vermeine, das an der Bewegung meiner Matratze zu bemerken, ich halte die Augen geschlossen, jemand spricht mich an, nur an der Stimme erkenne ich ihn, mein Ich, der Andere, der, dem ich vor Monaten vergeblich nachgelaufen bin?! Meine Gedanken kreisen zwar um den Widerwillen, den ich vor dem Morgen habe, aber ich bin seltsam angespannt, spüre diesen Anderen, eine physische Präsenz teilt sich mir mit, Empfindungen wie ein Reiz des Gesichtsnervs, wenn sich ein Finger der Nase nähert, ohne sie zu berühren, eigenartig, in diesem Augenblick erwarte, erhoffe ich Tröstung, Fürsprache, Hilfe wie aus dem Nichts. Zunächst scheint mich meine Hoffnung zu trügen, denn der Andere beginnt, unvermittelt, barsch:

»Wie stellst du dir deinen Lebensweg vor, wenn er nicht so ablaufen soll, wie du ihn seit Jahren in ödem Gleichmaß lebst? Hast du eine Alternative zu bieten? Sei kreativer, denk daran, es ist dein Leben, jede einzelne Sekunde, jede Szene, jede Handlung, jede Interaktion scheint dir bekannt vorzukommen, lähmt dich nicht die Vorstellung, all das in einer Art Endlosschleife wieder und wieder durchlaufen zu müssen? Lerne, deine Standpunkt zu verlagern, andere Perspektiven einzunehmen, lege deine Scheuklappen ab, die dich nur noch nach vorn sehen lassen, bedeutende Seiten- und Nebenwege lässt du aus, lebe langsamer, verkürze deine Schritte.«

Ich: »Was sollen diese Belehrungen, diese Ratschläge, habe ich das nötig, ich, in meinem Alter, meiner Position, jetzt ausgerechnet, vor einer sicherlich wieder all meine Kräfte fordernden Woche mit derart unangenehmen Themen konfrontiert zu werden.«

Ich konnte mich kaum beherrschen, die Augen geschlossen zu halten. Ich machte mir klar, würde ich die Begebenheit meiner Frau oder einem Dritten erzählen und auf meinem Bericht beharren, bekäme ich ernsthaft Schwierigkeiten; mein Geisteszustand hätte dann wohl überprüft werden müssen. Aber antworten werde ich doch wohl dürfen und, zeige ich Rückgrat, auch müssen. Was will dieser Andere, oder ist es kein Anderer, woher nimmt er sich das Recht, penetrant Forderungen zu stellen (Forderungen lassen sich leicht stellen). Er ist mir lästig; wie bequem, wie einfach scheint es doch, Probleme zu verlagern, vor sich selbst auszuweichen, überall und bei anderen die Gründe für Missliebigkeiten zu suchen, nur nicht bei uns. Wie mit dem Glück, fällt mir da noch ein, die anderen haben immer Glück, sind glücklich und sehen auch oft so aus. Jäh werde ich in meinen halb wachen Gedankengängen unterbrochen:

»Also, mein Lieber, du warst doch immer stolz darauf, wider den Stachel zu löcken, aufzubegehren, den Kohlhaas so oft wie möglich auszuleben, nachzuempfinden, erinnere dich, warst du dann auch konsequent in deiner Haltung, hast du durchgehalten bis zum bitteren Ende, bis zur Klärung der dir scheinbar wichtigen Konflikte? Oder gab es nicht häufig viel Lärm um nichts!? Mut nur vor, aber nicht bis zu einer Entscheidung zu demonstrieren, zeugt von prinzipiellen Persönlichkeitsdefiziten, mein Lieber, ein wahrer Kämpfer bewährt sich im Kampf, nicht auf dem Papier, das die Auseinandersetzung lediglich buchstabengetreu beschreibt.« Und der Andere fährt fort: »Du hast dich doch dein ganzes Leben eher *gegen* etwas gestellt, eine produktive Zustimmung von deiner Seite fand selten statt, Grenzen konntest du nie akzeptieren, weder physische noch geistige, weder disziplinarische noch gesellschaftliche. Immer vermutetest du eine Missachtung deiner Person hinter Anordnungen, Geboten, selbst bei Bitten hast du nicht bemerkt, dass eine zwingende wechselseitige Abhängigkeit von Selbstwertgefühl und als beengend empfundenen äußeren Bedingungen bestand.«

Du armer Hund, der du da liegst und nicht schlafen kannst, deinen Seelenrichter, deinen Lebensplankritiker neben oder über dir, was veranlasst dich, zwar ständig zu betteln, aber nicht zu beißen? »Du kannst diesen Tatbestand glänzend überspielen, mein Lieber«, fährt der Andere fort, »viele fallen auf deine Täuschungsmanöver herein und halten deine theoretischen Auslassungen bereits für praktisch durchgeführt, so viel Suggestionskraft muss offenbar vorhanden sein, soweit, so schlecht, wenn da nicht dein Gewissen wäre, das deine vorgeblich schlüssigen, von dir von vornherein abgestimmten Taten in einem glasklaren schattenlosen Licht sieht – und dir dann die tatsächlichen Zusammenhänge und Hintergründe deiner Handlungsweise vorführt. Du erkennst, bereust, verfällst Schuldgefühlen, und das umso mehr und schwerwiegender, je länger du dein Spiel mit deiner Umwelt und deinem Selbst treibst. Sich gegen sich selbst zu vergehen, dürfte die einzige Straftat sein und bleiben, die letztlich stets entdeckt und immer geahndet werden wird. Du rennst und hastest nach vorn, stolperst über die Gegenwart, die du nicht beachtest, weil deine Augen ständig auf eine (bessere?) Zukunft gerichtet sind, in deinem Herzen aber möchtest du wieder Kind sein, umhegt, gestreichelt und rundum geliebt, ohne Bedingungen und Voraussetzungen.

Das ist das eine, das andere aber ist, dass du diesem Dilemma entkommen möchtest und musst, soll dein Lebensschiff nicht weiter richtungs- und orientierungslos herumirren. Erinnere dich an Situationen, Begegnungen und Menschen, an eigene Beobachtungen, Empfindungen, kurz, an Momente erlebten Glücks, keinem Mitteilungsbedürfnis und Zwang verhaftet, nur für dich da. Weißt du noch, warum du in jenen Augenblicken zumindest für eine gewisse Zeit nichts an dir und deiner Umwelt auszusetzen hattest, du nickst, du stimmst zu? Ja, da warst du ganz bei dir selbst, ohne irgendeine Entfremdung, ohne demonstrative Gestik nach außen, ohne Sublimierung, schlicht frei. Jeglicher Zwang war abgefallen, vor allem die Beweispflicht, dir selbst gegenüber jemand sein zu müssen oder zu sollen, der du nicht bist. Edle Einfalt, stille Größe? Nein, im Ernst, deine Seele fände Ruhe und Zufriedenheit, wenn du dir die Kraft gäbest, die der innere Motor braucht, um so rund zu laufen, wie du dir das vorstellst. Nicht materielle Zugewinne, so verlockend sie sein mögen, benötigt dieser Motor, er hungert nach einem Lächeln, nach hellem Licht, nach der Sonne über dem Frühnebel, nach langem, tiefem Ausatmen, nach einem Lauf in den jungen Tag. Sprich es im Stillen vor dich hin, wie eine Gebetsformel, täglich, vielleicht einmal die Woche, je nachdem: *Das Leben ist schön. Es lohnt sich zu leben.*

Wink nicht ab, die einfachen, scheinbar banalen Vorsätze sind meist am schwersten in die Tat umzusetzen. Niemand verlangt von dir, ein allen irdischen Genüssen entsagender Einsiedler zu werden, aber das Maß der Mitte sei dir Vorbild, lass dich nicht länger vom allzu goldenen Kalb, das häufig nur vergoldet ist, verführen. Aber, du wirst es mir bestätigen, Begriffe wie Larmoyanz, Selbstmitleid und Abhängigkeit waren dir immer verhasst, mehr oder weniger bewusst hast du immer auf Unabhängigkeit bestanden, wenigstens in der Theorie. ›Fortiter in re‹[12], und der Tinnitus hätte dich nicht ereilt, von dir Besitz ergriffen, dich terrorisieren können. Miss dich an deinen Träumen, deinen Vorstellungen, meinetwegen lege die Messlatte ein wenig nach unten, aber springen, mein Lieber, springen *musst du*. Lernen, sich zu fassen, mit Bedacht auf etwas vorzubereiten, nichts zu überstürzen, sondern dir zum Nutzen behutsam zu überlegen, deine Worte zu wägen, eine Interaktion wie ein Schach- oder Bridgespieler zwei, drei Spielzüge im Voraus zu analysieren, reizt dich das etwa nicht? Glaub mir, ein berechtigter Stolz wird dich erfüllen, gerade dich, das Gefühl einer erlebten Souveränität wird tief in dir Raum greifen, und siehe, schon bist du ein glücklicherer Mensch. Überleg es dir, einst wünschtest du dir ein Pendant, das du als wesensverwandt an-

12 Stark und beharrlich in der Sache.

erkennen würdest, du erinnerst dich, ›dass ich eins und doppelt bin‹[13], nun bin ich da, nutze diese Chance.

Du hast, noch, nichts darauf zu sagen? Lass los, lass endlich los, schrei es, weine es heraus. Dein Schlaf? Was kümmert's dich, seelische Entschlackung entspannt mehr als viele Stunden unruhigen, von Alpträumen begleiteten Dahindämmerns. Schließlich weiß ich zwar viel von dir, aber zu deinem künftigen Vorteil muss, möchte ich mehr, alles wissen, wach also endlich, endlich auf. Verzeih, nur ein Bild, du erinnerst dich, das Lied vom schlafenden Apfel, der hoch droben im Baum hängt, aber – du hattest ja noch nicht geschlafen.«

War das nun ein Mono- oder ein Dialog gewesen, genau wusste ich das später selbst nicht mehr, aber Mut hatte das Gespräch mir allemal gemacht, den Mut, mein Unglück wenden zu wollen. Welche Erkenntnisse gewinnt man, welche Überlegungen stellt man an, wenn einem das unerwartete Unglück anderer mitgeteilt wird? Überwiegt die Erleichterung, selbst noch einmal davongekommen zu sein, drängt sich die Frage auf, wem das Mitleid nützt, das sich spontan einstellt, welche Konsequenzen zieht man letztlich aus derlei Ereignissen. Erschreckend, wie schnell man dann in der Regel zur Tagesordnung übergeht, wie man bereit ist, sich ablenken zu lassen – um zu vergessen oder weil einen die fremden Fährnisse im Grunde des Herzens nicht wirklich angerührt haben? Die Frage nach der Existenz uneigennütziger Empathie stellt sich, aber auch der Wille zum eigenen Überleben wird evident, ein schützender Pragmatismus, der wie ein Panzer um die verletzliche Seele Wache hält, um die Kontinuität des Daseins abzusichern. »Was hülfe es, wenn er die ganze Welt gewönne, aber Schaden nähme an seiner Seele«; unter geringer Abwandlung des Bibelzitats bleibt festzustellen, dass ein Zuviel an Teilnahme, ein zu starkes sich Ablenken und Abwenden von eigenen, vitalen Interessen zu Selbstentfremdung oder einer Art Selbstverleugnung führen könnte, aus der letztlich eine Dysbalance zwischen dem äußeren und dem inneren Ich resultiert, autoaggressive Gefühle zur

13 Zitat aus Goethes Gedicht »Der Gingko«.

Folge haben könnte, einen Zustand, der in keinem Fall wünschenswert erscheint.

Gerade der typische Tinnituspatient gerät allzu leicht in vergleichbaren Situationen in die Lage, Aktionen durch Fremdeinflüsse für selbstbestimmte Handlungseinheiten zu halten. Mithin bleibt festzustellen, dass Sozialverhalten in erster Linie eigenbestimmt angelegt sein sollte, fremdbestimmte Anteile den seelischen Rhythmus eher negativ beeinflussen und die Vervollständigung beider Anteile einer wohlüberlegten Selbstanalyse überlassen werden sollte, um das bei dem genannten Personenkreis der Tinnitusbetroffenen unterdurchschnittlich ausgeprägte Authentizitätsempfinden nicht zusätzlich zu schwächen.

Jahrelang waren mir diese Sonntagabende verhasst, die ich ruhelos und angespannt verbrachte in der Erwartung des Wochenbeginns mit all seiner Arbeitsroutine und Belastungen, die für mich damals vornehmlich durch die scheinbar unbegrenzten Ansprüche meiner Patienten repräsentiert wurden. Nicht immer erschien mir wie ein Helfer aus dem Nichts der vorderhand lästige, aber die mich bedrängenden Lebensumstände erkennende und diese zur befriedigenden Lösung herbeiführende »Doppelgänger«, mein besseres, erstrebenswerteres Alter Ego. Das Gefühl, ausgenutzt zu werden, ausgequetscht, als Funktionswesen missbraucht, wurde stetig stärker. Mein Selbst fragte nach dem mir verbliebenen Rest, auf den nichts und niemand Zugriff haben konnte, nach einem Freiraum, den ich, je umfangreicher die berufliche Anspannung wuchs, umso nötiger brauchte. Wer die Notrufe aus dem Innersten, dem »Herzensgrunde«, würde der Romantiker sagen, nicht beachtet, wird irgendwann bestraft, Signale zu überfahren, setzt einen selbstzerstörerischen Mechanismus in Gang, der nur allzu häufig vom äußeren Träger des inneren Ich erst beachtet wird, wenn eine Grenzsituation entstanden ist, die dann in keinem Verhältnis mehr steht zu deren häufig banaler, alltäglicher Ursache, kurzum, die Abbitte an sich, die Rückführung zum eigentlichen Sinn des ursprünglich geplanten Lebensverlaufs kostet überproportional viel Lebensenergie zu dessen Verwirklichung. Die verdammungswürdige Trägheit, der fehlende Mut, an den Schnittstellen des Daseins

Nein sagen zu müssen, den Momenten der »produktiven Verweigerung« Beachtung zu schenken, sollten diese Erkenntnisse so schwer sein, wenn die Bereitschaft zum bewussten Voranschreiten vorhanden ist und umgesetzt wird, wenn sie einen Lohn verspricht, der nicht in Mark und Pfennig, dafür aber in steigender Selbstachtung auszudrücken ist?

Es mag Einwände geben, die Theorie erscheine hier eher vergoldet als die Praxis es leisten könne. Was erwartet den »Dornenbezwinger«, ist er eher glücklich, weil er eine stetige Aufgabe hat, sei es, weil er über deren Erfüllung nicht nachdenken muss, nicht nachdenken kann, da er mit der Lösung rund um die Uhr beschäftigt ist? Alle wollen etwas für die Nachwelt hinterlassen, sind getrieben von dem Gedanken, mit ihrem Körper verschwände anderenfalls die letzte Spur auf Erden, es sei denn, sie hätten den Nachfahren etwas allgemein Gültiges anzubieten. Dabei schwingt die Angst vor der Mittelmäßigkeit mit, die Befürchtung, sich lächerlich zu machen. Wie gehetzt von den Furien der Unsicherheit, ob das, was sie für wichtig halten, andere auch in gleicher Weise einschätzen, irren sie scheinbar orientierungslos umher. Innehalten, unbeirrbar das Gewollte verwirklichen, den Blick nicht auf das Urteil der anderen zentrieren, die Verzweiflung kann warten, gegen den hellen überzeugenden Optimismus verliert sie ihr lähmendes, destruktives Spiel.

Sie, liebe Leserin und lieber Leser, bemerken, das Grundproblem des an Tinnitus Leidenden und entsprechende Lösungsvorschläge seien mehrfach thematisiert und von verschiedenen Seiten beleuchtet worden. Sie hätten diese Ausführungen und Erklärungen längst verinnerlicht, die Wiederholung öde Sie an, zu viel des Guten bewirke eher das Gegenteil? Nehmen Sie es hin, es geht ums Ganze, Sie, die Sie von den quälenden Geräuschen die »Ohren voll haben«, sollen angeregt und überzeugt werden, sich mithilfe dieser Lektüre vom Symptom selbst zu befreien. (Der Autor hofft, auch diejenigen mit Teilen des Berichts ansprechen zu können, die nicht unter dem Tinnitusphänomen leiden: Hinweise zur Selbststärkung scheinen in unseren Zeiten notwendiger denn je zu sein.)

Still, wie erstarrt, nahezu atemlos hatte ich an jenem Sonntagabend der mir so vertraut klingenden Stimme zugehört, eine Mischung aus Zustimmung, Zorn und Zaghaftigkeit verwirrten mich überdies, wie eine Woge überflutete mich die Ansprache diese Anderen. Meine widerwillige Zustimmung konnte ich nicht verhehlen, lediglich die Anerkenntnis eines meiner mich hauptsächlich störenden Defizite, nämlich eigene Unzulänglichkeiten zu akzeptieren, machte mir zu schaffen. Mein kritischer Geist nickte zustimmend, meine empfindliche Seele dagegen fühlte sich gedemütigt und missverstanden. Das Grunddilemma menschlicher Existenz offenbarte sich mir in diesen Minuten, in dieser Stunde, die den alten vom neuen Tag trennt, zwischen Tag und Traum, die nach dem an mich adressierten Appell allerdings eher einen sachlichen, denn einen mystischen Charakter aufwies.

Der Zauberbegriff der *Akzeptanz*, Schlüssel zur Befreiung von den eigenen Schwächen, kam mir in den Sinn. Der Weg zu den beliebten Konjunktiven (du könntest, hättest, müsstest doch), der Ausweg, Umweg, Nebenweg schien mir unvermittelt eher wie eine Sackgasse auf. Im selben Augenblick die Trauer über all das, was ich an mir verneinte oder gar hasste, mit der Zuversicht auf mehr selbstbestimmtes, bewusstes Handeln vereint zu sehen, diese spannungsgeladene Gleichzeitigkeit von Gegensätzlichem verwirrte mich zwar, aber das innere Leuchten, das mich auszufüllen schien, überstrahlte alles. »Bleib doch, bleib, erzähl mir mehr von mir, ich habe dich gehassliebt die ganze Zeit, aber bleib.« Meine Hand tastete zum Bettrand, nichts sehnsüchtiger erwartend, als dort auf *ihn* zu stoßen. Doch schon wie von weit her beschied mich mein Gegenüber, seine Arbeit sei wohl getan, er habe die Hoffnung, selbst dunkle, steinige und bergan führende Wege könne der Schlaf Suchende nun leichter und hoffnungsvoller begehen und bezwingen. Allerdings, so fügte er wie zur Warnung betont langsam, deutlich und akzentuiert hinzu, bedürfe es einer immerwährenden Konzentration auf das als Wesentlich Erkannte, um vor sich bestehen zu können.

Wenige Minuten später schlief ich ein, am nächsten Morgen ohne Erinnerung erwachend, lediglich anderen seien an jenem

Morgen meine entspannten Gesichtszüge aufgefallen. Die Beschwerlichkeiten des Berufsalltags ertrug ich gelassener, ich wahrte eine größere Distanz zu Problemen, die mich bis dahin über Gebühr verärgert, mir nachgehangen, mich verunsichert hatten. Ich begann, meine Wünsche, meine Vorstellungen, meine Zukunftspläne mit der gegebenen Realität abzugleichen. Ich entwickelte Projektionen, die nicht von imaginären und offensichtlich unerfüllbaren Hoffnungen verklärt wurden, sondern aufgrund meiner Initiative und nach einer Vorabanalyse in die Tat umzusetzen waren, Projektionen, deren Verwirklichung mir nun wie selbstverständlich erschien. Fernab jeglichen Dritten gegenüber notwendigen Demonstrationsgebahrens, mit scheinbar leichter Hand konzipiert, dann aber für die, denen ich meine Pläne erläuterte, umso überzeugender wirkend. Ich lernte, mit mir und anderen offener, direkter, ehrlicher umzugehen, meine subjektive Befindlichkeit zurückzustellen, dann, wenn ich es für notwendig hielt, ohne das Gefühl, mir etwas zu vergeben.

Die Befreiung

Analog zur Konsolidierung der inneren Sicherheit entwickelte ich ein verändertes Interaktionsverhalten. Das Bemühte, Aufgesetzte, das Verdeckende verschwand aus meinem Handlungspotenzial, eine Schwäche offen zeigen und zugeben zu können, rechnete ich mir nun als eine Stärke an. Spielte im Zuge meiner Persönlichkeitsveränderung durch Psychotherapie und daraus sich entwickelnder Selbstanalyse auch das Signalsymptom mit, das für mich über Jahre als unerträglich empfundene Ohrgeräusch, das alte Männlein im Nacken, der Störenfried meines Schlafes, das allzu oft ablenkende Moment im Alltag? Die Erklärung für das Nachlassen, ja, Verschwinden dieses Phänomens konnte anhand medizinischer und psychologischer Standards bis zu diesem Zeitpunkt nicht gegeben werden, an Wunder glauben ärztliche Therapeuten nicht. Es bleibt jedoch zunächst rein pragmatisch festzuhalten, dass ich *die mich beglückende Erfahrung durchlebte, vom akustischen Terror befreit zu sein.*

Dessen ungeachtet ist hervorzuheben, dass aufgrund der detailliert beschriebenen Vorgehensweise ich zunächst als *Patient* zu einem Therapieerfolg kam, den ich später, unter Zugrundelegung meiner eigenen Krankheitsgeschichte, auch als *Behandelnder* an einer großen Anzahl von Patienten wiederholen konnte: Das leidvolle Geräusch konnte in den meisten Fällen zum Verschwinden gebracht werden.

Anfangs wich ich ängstlich Situationen aus, die mir eine weitgehend stille Umgebung verhießen, zu sehr fürchtete ich, das Geräusch könne wiederkehren, beziehungsweise die Tatsache, es nicht mehr zu hören, könne sich als Täuschung erweisen. Allmählich jedoch gewann ich mehr und mehr Sicherheit, zuweilen vergaß ich, jemals an Tinnitus gelitten zu haben. Nur hin und wieder, wenn ich trotz der erlernten Vorsichtsmaßnahmen, Situationen, die mich in innere Anspannung versetzten, vorbeugend zu vermeiden oder deren Bedeutung zu relativieren, in Engpässe geriet, trat auch – kurzfristig und subjektiv weniger intensiv – das verhasste Geräusch wieder auf. Meine durch Eigenerfahrung therapeutisch erworbene Fähigkeit jedoch, einen kausalen Zusammenhang zwischen einer seelischen An- und Überspannung und dem Auftreten des Geräuschphänomens herzustellen, ließ mich die gefürchtete Empfindung leichter ertragen und ermöglichte eine Verkürzung der Zeitspanne, in der mich das Brummen belästigte, auf maximal ein oder zwei Tage.

Noch lange Zeit nach dem über Jahre durchlebten Leiden machte ich mir im Rahmen eines in der Regel täglich durchgeführten Zwiegesprächs mit mir selbst klar, welche Bedeutung das Phänomen des Tinnitus für mich im Besonderen und für die Betroffenen im Allgemeinen hat. Nicht zuletzt aus dieser Erkenntnis bezog ich eine zunehmende Sicherheit hinsichtlich der Beurteilung von Alltags- und Lebenssituationen jedweder Herkunft. Meine eigene Erfahrung gab ich mit wachsendem Erfolg an meine Patientinnen und Patienten weiter. Die einst unglückselige Verknüpfung von Leidendem und Therapeuten in der Vereinigung einer Person hatte sich vollständig gewandelt, jetzt gereichte diese Konstellation anderen und mir zum ersehnten therapeutischen Ergebnis:

Den Tinnitus nicht als Krankheit, sondern als ein wesensspezifisches *Signalsymptom* zu werten, als einen Begleiter auf dem Lebensweg, der zwar als hinreichend unangenehm und lästig empfunden wird, durch dessen Existenz jedoch der Betroffene aufgefordert wird, bestimmte, die beschriebene innere Anspannung (*Psychotension*) auslösende Probleme, Situationen und Bedingungen zu verändern, zu relativieren, zu analysieren und mit der seelisch-geistigen Verarbeitung eine innere Unabhängigkeit und Freiheit aufzubauen, die dem Ohrgeräusch keine Chance mehr lässt.

Man möchte Dichter sein, um die Erlösungsgefühle demjenigen anschaulich schildern zu können, der noch unter Tinnitus leidet, um ihn vollends von den Maßnahmen überzeugen zu können, die zur Befreiung davon führen, ihm die gleiche Freude, das gleiche Glück, die Stille im Kopf nämlich zu vermitteln. Möglicherweise wird nur derjenige, der das Martyrium an sich selbst durchgemacht hat, imstande sein, seine Erfahrung anderen im therapeutischen Sinne *produktiv* mitzuteilen.

Angesichts einer immensen Anzahl von Betroffenen, angesichts einer statistisch gesicherten Zunahme der Symptomatik in der Bevölkerung wird das leidenschaftliche Engagement verständlich, das ich für meine Patienten aufbringe. Der seltene Fall eines vertretbaren zweckgebundenen Dienens am Anderen scheint offensichtlich, wird doch mit jedem Erfolg, den der Therapeut nachweisen kann, die eigene Haltung gegenüber dem eigenen Innenohrenleiden gefestigt, mit anderen Worten, es besteht eine Zweckgemeinschaft im Therapiebemühen anderen und zugleich sich selbst gegenüber. Eine letzte rückblickende Betrachtung sei erlaubt.

Wo war das Kind, das ich gewesen? Meine Lebenserfahrungen, meine mehr oder weniger verheilten Wunden, meine Kämpfe mit allem Möglichen, ganz besonders während der Tinnitusleidenszeit, verdeckten nach und nach, wie stetig fallender, leiser Schnee, meine mir eigene Spontaneität. Sicher, das trifft auf viele Menschen zu, die erwachsen werden, älter werden, aber am Verlust dieser Kindern eigenen, natürlichen, ungefilterten Reaktion auf die Dinge dieser Welt zu leiden, vermag erst die Sensibilität für den Wert kindlichen Empfindens zu entwickeln. Die Frage, wem diese Umstände bewusst werden und wem nicht, wird wohl unbeantwortet bleiben müssen. Die Tatsache an sich spielte eine große Rolle für mich, wurde ich doch als Kind und Jugendlicher häufig mit den Attributen zu ernst, pessimistisch dreinschauend, als zu traurig apostrophiert. Andererseits fiel die Kritik an meinen oft vorschnellen Handlungen und Reaktionen auf mich betreffende Äußerungen nach meiner Empfindung und Einschätzung allzu krass und abwertend aus, sodass ich mich nicht selten dem Dilemma gegenübersah, es niemandem Recht machen zu können. Der Gedanke, dass gerade dieser Umstand mich hätte gleichgültiger werden lassen sollen, kam mir nicht. Mit ein wenig mehr Selbstwertgefühl wäre es mir möglich gewesen, einen Ausweg, *den Weg ins Freie* zu finden. So aber schwankte ich zwischen einer selbstquälerischen Abhängigkeit durch Anpassung und übermäßiger Abgrenzung als Gegenreaktion, ohne meine eigene Mitte zu finden oder an deren Verwirklichung und Vervollkommnung arbeiten zu können. Nur Ahnungen von der Kostbarkeit eines solchen Zustands wehten mich von Zeit zu Zeit an, ein Mangel an Mut verhinderte die Umsetzung in die Realität.

Ein weiterer Umstand, der mich auf dem Weg zur als glückhaft erlebten Identität behinderte, war meine schneidende Selbstkritik. So angeberisch, schwadronierend ich häufig, wie schon hier und da bemerkt, anderen gegenüber auftrat, scheinbar mit den Insignien der Unfehlbarkeit ausgestattet, so gnadenlos rechnete mein Selbst mit mir ab, wenn ich mit mir allein war. Dabei hielt sich die Angst vor der schonungslosen Konfrontation mit dem Gefühl die Waage, nach dieser Auseinandersetzung sozusagen entschuldet zu sein, vergleichbar möglicherweise mit Menschen, die Trost in der Beichte finden. Begleitumstände meines Lebens waren nach meiner Einschätzung häufig der Zufall, der mir hier und da Vorteile verschaffte, die ich nicht meiner Arbeit oder meiner bewussten Anstrengung geschuldet sah.

Und dann war da noch die Melancholie, eine Begleiterin, mit der ich in Hassliebe verbunden war, überließ ich mich doch nur allzu gern einem Gefühlsstrom, der mich in die Tiefen meines Daseins trug, wo mir scheinbar Unergründliches klarer und deutlicher vor Augen stand, wenn ein Abstand von Ereignissen in eher beschatteter Stimmung existierte und nicht die unverfälschte, aber auch vordergründige Freude am Leben vorherrschte. Kann man sagen, dass die durch die Melancholie gefilterte, mittelbar gewordene Freude tiefer empfunden wird als ein spontanes Glücksgefühl? »Gegen die Melancholie sind alle anderen Freuden ein Nichts«, sollte Robert Burton das so ausschließlich gemeint haben? Mir zumindest schien die Erleuchtung für vielerlei Dinge im Bereich der schattendunklen Sphäre schwarzer Besinnlichkeit ein Ausgleich für meine im Übrigen oft genug als defizitär empfundenen Persönlichkeitsmerkmale zu sein.

Mut zum Neuen

An dieser Stelle sei eine konstruktive Idee, eine mögliche Therapieoption hinzugefügt: den am Tinnitus Leidenden, der häufig ein unerkannter Melancholiker ist, anzuregen, *Grenzen zu überschreiten*, sowohl die, denen er sich von außen gegenüber sieht, als auch die, die er sich selbst gesetzt hat. Aufbrüche zu neuen Ufern könnten das sein. Der Verzicht auf das Althergebrachte, Gegebene, das Konventionelle, auf das im Grund »Geliehene«. Die scheinbare Geborgenheit in der Gesellschaft wird oft als befremdlich empfunden, statt Wärme regiert eine unfassbare Kälte das Umfeld, statt Klarheit herrscht innere Unordnung. Vieles unwidersprochen hinzunehmen, unbegründete Akzeptanz der geläufigen Meinungen, die irgendwann darüber bewusst erlebte Unzufriedenheit wirken oft wie eine Zeitbombe. »Der Mensch in seiner selbst verschuldeten Unmündigkeit«, die treffende Feststellung Kants zumindest teilweise aktiv zu widerlegen, scheint eine lohnende Aufgabe. »Erklär mir nichts, wie vieles hätte ich verstanden, wenn du mir nichts erklärt hättest«, Franz Kafka wusste genau, wie leicht sich dieser Satz liest und wie schwer es ist, den Einflüsterungen anderer zu widerstehen, war doch der Vorgang der Bevormundung, des offensichtlich ungefragt Erklärten bereits vor sich gegangen. Sich an Schnittpunkten seines Lebens anders zu entscheiden, als von anderen erwartet wird, die Dynamik in einer Weise zu verlangsamen, bisweilen immens zu verzögern, bedarf eines Löwenmutes, dessen man sich zudem noch bewusst sein muss, um zum Ergebnis absolut eigenbestimmten Handelns zu gelangen. Die dunkle Seite der Geschichte birgt oft Geheimnisse, die zu ergründen und wertzuschätzen man mutmaßlich nur imstande ist, wenn die Beurteilungskriterien nicht nur auf Glück, Erfolg und unbedingten Optimismus ausgelegt sind. Dass eine solche Haltung, eine solche Einstellung oft mit dem Unverständnis der Umgebung rechnen muss, eine Einsamkeit bedingen kann, die durch vermehrte Selbstachtung der eigenen Person kompensiert werden muss, scheint unvermeidbar. Auch hier gilt der Grundsatz der Ehrlichkeit vor sich selbst, die Einübung in und das Kennenlernen des eigentlichen Ich.

Was nützte mir alles Angelesene, alle Ratschläge der Weisen, setzte ich sie nicht für mich um. Mir wurde zusehends klarer, dass zum Erkenntnisgewinn Zeit und Geduld gehörten. Jede Übereilung wirkte kontraproduktiv, mir kam der Begriff der »gelassenen Disziplin« in den Sinn, der für mich zu einem der Gradmesser wurde, an denen ich meine stille, innere Zufriedenheit maß. »Es ist manchmal eine Unbescheidenheit, nicht von sich zu sprechen« (Robert Musil), zunächst scheinbar paradox, später zustimmend verinnerlichte und verarbeitete ich den Satz des großen Meisters des Möglichkeitssinns. Optionen zu haben, die den Geist wach hielten, die lange Gerade der Lebensbahn mit Kurven zu versehen, wo die Fliehkräfte Angstlust erzeugen konnten, wie sie Kinder auf einem sich immer schneller drehenden Karussell empfinden. Die Erweiterung des inneren Horizonts, die Durchdringung eines vor sich hergeschobenen Problems und dessen mögliche Lösung, der Stolz auf das erfolgreich bewältigte Pensum eines Tages, all das, wurde mir klar, war letztlich nie mit vorwiegend fremder Hilfe, sondern nur durch Eigeninitiative erhältlich. Ging ich noch einen Schritt weiter, schien mir die Kostbarkeit des Geleisteten umso mehr auf, je härteres Brot ich jeweils zu kauen hatte, um zum Erfolg zu kommen. Am eigenen Schicksal das Phänomen des »Nur wer das Tal durchwandert hat, kann Höhen erklimmen« real zu durchleben, vermittelt einen von der Theorie völlig unterschiedenen Eindruck. Der Geist ist willig, aber das Fleisch ist schwach, diese und viele analoge Redewendungen zu widerlegen, bereitete mir, dem als Kind so oft Gedemütigten, eine mehr als befriedigende Genugtuung. Selbststärkung als Überlebensprinzip muss man erst erlernen, wäre das leicht, gäbe es weniger Schwierigkeiten im zwischenmenschlichen Bereich. Ins Praktische übertragen wird sie zu einer unersetzlichen Ruhezone, die immer dann aufzusuchen ist, wenn die äußeren Umstände Geist und Körper zu verwirren drohen, die Panik nicht weit ist und die Neigung zur inadäquaten Überreaktion nahe liegt.

Meine Haltung gegenüber der Gegenwart veränderte sich parallel zu meinen Einsichten über meinen psychischen Zustand: Je unabhängiger ich mich Gefühlsschwankungen gegenüber verhielt, umso unmittelbarer konnte ich das aktuelle Geschehen in mich aufnehmen, akzeptieren und bejahen, ich bedurfte der Zukunftssehnsüchte zunehmend weniger und blickte auf Vergangenes nicht in einer Weise zurück, die man auch als »rückwärts gewandte Utopie« hätte bezeichnen können. Sicher, Rückfälle waren nicht auszuschließen, aber meine annäherungsweise Ausrichtung des Tagesablaufs darauf führte zu gewünschten Erfolg.

Gleichzeitig empfand ich eine wohltuende Distanz zu banalen Dingen des täglichen Lebens, die ich bis dahin oft genug als schwergewichtig und bedeutsam eingestuft hatte. Ich vermochte mehr und mehr zu relativieren, verbunden mit einer möglichst von der Gefühlssphäre unabhängigen Vorabanalyse. Die Freiheit beginnt zu zweit, ich wandte diese psychoanalytische Erkenntnis nicht nur auf das Verhältnis zu meiner Frau, sondern ebenso auf mich und mein inneres Ich an, auch wenn ich, was unabänderlich schien, oft genug zunächst alles andere als Freiheit vom jeweiligen Grundproblem empfand, wenn ich mich durch das Zwiegespräch mit mir selbst gekämpft hatte. Und dennoch, die Freiheit der Entscheidung, die autonome

Bestimmung der bewussten Vorgehensweise überwogen in der Eigenbeurteilung. Man konnte sagen, jeder innerlich erworbene Schritt nach vorn, wobei »vorn« als synonym mit »vom Urteil anderer unabhängig« registriert werden kann, ließ mich in den Augen meiner Mitmenschen als sanfter, weniger aggressiv, umgänglicher erscheinen. Mir wurde zunehmend bewusst, dass viele der Menschen, die ich für ihr Interaktionsverhalten bewunderte, mutmaßlich solche oder ähnlich gelagerte Persönlichkeitsmerkmale aufwiesen.

Noch vor wenigen Jahren beispielsweise wäre es mir nicht in den Sinn gekommen, eine einmal gefasste, nach meinen Maßstäben wohlüberlegte, fundierte Meinung in Frage zu stellen. Irgendwo musste es offenbar Fixpunkte geben, die mir Halt und Sicherheit boten, deren möglicher Verlust mich, wenn auch nur punktuell, verstört zurückgelassen hätte. Diesen als zwangsläufig zu bezeichnenden Mechanismus setzte ich durch selbstanalytische Prozesse außer Kraft. Mich und besonders einige meiner Grundhaltungen zur Disposition zu stellen, wurde mir zur Regel. Etwas zu gewinnen, indem man etwas verliert, kein Nullsummenspiel, sondern Nahrung für die Seele, Sieg über die eigene Trägheit, existenzielle Neubestimmung in einem als dynamisch empfundenen Wachsen. Wie leicht nachvollziehbar liest sich das philosophische Bekenntnis des großen Dänen Søren Kierkegaard, der »die Wahrheit im Leben als ein Leben in Wahrheit preist« und fordert, wenn es denn kein erlebtes, sondern ein existenzielles Leben sein soll. Sicher hat er Recht, ganz gewiss sogar, aber erfülle erst einmal seine Forderung, oder versuche wenigstens, nach seinen Maximen zu handeln, wie viel Frustration lädst du dir auf, welche Enttäuschung bereitest du dir da möglicherweise.

Oder hatte ich das alles falsch verstanden, galt die Anleitung nicht für einen gewöhnlichen, bürgerlichen, ums Materielle Besorgten wie mich? Ich hielt mich, was mein Seelenheil anbelangte, für nahezu überstiegen zwanghaft, ich glaubte, Selbstkritik in Reinformat sei nun einmal unumgänglich, um mich endlich zum »Menschen« zu machen. In diesem Zusammenhang erinnerte ich mich an einen Satz von Marc Aurel: »Diejenigen aber, die die Regungen der Seele nicht aufmerksam verfolgen, sind zwangsläufig unglücklich«, der mich beeindruckt, ja, meinen gedanklichen Werdegang mitbestimmt hatte; lediglich die Umsetzung in die Alltagsexistenz wollte mir allzu häufig nicht gelingen. Ich betrachtete es als eine immerwährende Aufgabe, diesem Ideal der Seelenpflege so nah wie möglich zu kommen. Mir war bewusst, dass ich diese Bemühungen mit mir allein würde abmachen müssen, fürchtete ich doch bei Preisgabe meines Vorhabens an Dritte als egozentrisch etikettiert zu werden. Sollte die Feststellung Marc Aurels jedoch zutreffen, so hätte ein dann glücklicherer Mensch in seiner Ausstrahlung und Wirkung auf andere ohne Zweifel einen nachhaltigeren und effektiveren Einfluss als der seine eigenen inneren Belange vernachlässigende. Authentizität überzeugt, eine Bestätigung dieser Aussage wurde mir sowohl in meinem Beruf als auch im privaten Bereich zuteil. Demut gepaart mit einem unverwechselbaren, eigenen Stil verspricht Souveränität.

Im Besonderen dokumentierte sich das bei der Tinnitusberatung und dessen therapeutischen Aspekten, denn die Akzeptanz meiner Ratschläge als Therapeut, die Überzeugung der Patienten und ihre Zustimmung also, bezüglich ihres Leidens kompetent beraten worden zu sein, nahm zu. Meine anhand der selbstanalytischen Überlegungen gewonnenen Erkenntnisse konnte ich überdies, was mir bis dahin unmöglich schien, auch schriftlich darlegen. Wenn ich bildhaft den Zustand meiner Seele als Geröllhalde bezeichnete, war mir das Schreiben ein Aufräumen, Ordnen des Gerölls, gewissermaßen eine Strukturierung nach Größe, Länge und Schwere der Steine, eine Auflösung des Wirrwarrs, die bei mir zu einer spürbaren psychischen Entlastung führte. Die ewige und grundsätzliche Frage des Menschen, wie er es anzustellen habe, sein Leben zu verändern, um einen ihn befriedigenden Status zu erreichen, konnte ich zumindest in Teilbereichen dahingehend beantworten, und zwar in Fremd- und Selbsteinschätzung übereinstimmend, mich grundsätzlich verändert zu haben: zuzulassen, dass mein Leben nicht nur in eine Richtung führen könnte, Möglichkeiten zu durchdenken, deren Ausführung nicht von vornherein unter fremde Vormundschaft gestellt werden, Fantasien und Träume nicht als unerfüllbar, als unnütz, dem Sozialstatus nicht gemäß oder der eigenen Entwicklung schädlich, weil abwegig, einzuschätzen, kurz, das ganze Kaleidoskop von zunächst wenig effizient scheinenden Nebensächlichkeiten mit aktiver Akzeptanz des menschlichen Daseins zu durchleben; offen und wach zu bleiben, aufgeschlossen gegenüber allem Neuen, noch wenig Vertrautem – sicher, Mut, ja, Wagemut ist angesagt.

Hätte mir vor dem Auftreten meines mich über lange Zeit deprimierenden Tinnitusleidens jemand prophezeit, ich könne, allein gedanklich, offen gegenüber den beschriebenen Thesen sein, hätte ich verwundert den Kopf geschüttelt. War das nun ein Sieg über mich selbst, von dem man so oft hört und liest? Ein Sieg wozu? Ich beurteilte den Entwicklungsprozess eher als ein Zulassen der bis dahin unbekannten, unerfüllten Wünsche meines Selbst. Lass deine Seele singen und versuche, dir diese Melodie zu merken. Nicht die anderen, du selbst bestimmst darüber, ob dir diese Akkorde gefallen oder nicht, nur hinzuhören muss man zunächst einmal lernen.

In geheimnisvoll anmutenden, traumumflorten Nächten, an Tagen, die jung und frisch daherkamen mit ihrem wilden, verführerischen Temperament, überfielen mich sinnestrunkene Vorstellungen. Diese vernünftlerischen Tendenzen, die ich da ventilierte, dieses sich Einordnen in die Reihe der pragmatischen Neunmalklugen. »Was ich (so) mache«, soll die Schriftstellerin Lou Andreas-Salomé gesagt haben, »ich lasse das Leben auf mich regnen.« Zuweilen ergriff mich Wehmut, an die Feigheit denkend, die mich überfiel, wenn Aussteigergefühle und -gedanken mich abzulenken und zu überwältigen drohten. Allein an der Wahl des Begriffs »drohen« wurden mir meine Grenzen bewusst. Diese Einsicht wiederum erleichterte mir den Verzicht auf Reisen nach irgendwo, ich war offenbar ein Mensch, dessen Abenteuer im Kopf und im Herzen stattfinden mussten, eine Erfahrung, die ich nach und nach nicht nur zu akzeptieren lernte, sondern als einen mir gemäßen Weg verinnerlichte. Da war es wieder dieses Zauberwort: *Akzeptanz der Vielfalt der Lebenssituationen.* Aus einem anderen Blickwinkel betrachtet könnte man auch sagen: Eine durch selbstanalytische Erkenntnis getroffene Entscheidung macht glücklich und zufrieden. Und nun lehnen wir uns zurück und erhalten den Status quo!? Auch diese Regung verspürte ich nur allzu oft, konnte mich aber von deren Untragbarkeit zunehmend leichter überzeugen.

Mochte meine Ich-Struktur sich verändert haben, meine Vorlieben, meine Neigungen und viele meiner Gewohnheiten blieben erhalten. Meine zuweilen unangemessene Ernsthaftigkeit, meine fehlende Leichtigkeit in der Beurteilung und Einschätzung auch weniger drängender Probleme konnte ich, wollte ich nicht abstellen, meine Vorstellung von Treue, gepaart mit einem antiquiert anmutenden Zuverlässigkeitsverständnis, wollte ich mir erhalten, sah ich doch andernfalls meine grundsätzliche Persönlichkeitsstruktur gefährdet. Mehr und mehr erkannte ich in vielen meiner Handlungen das Aufgesetzte, Unechte, mir selbst eigentlich nicht Zugehörige. Konnte ich dann, aus welchen Gründen auch immer, derlei Prozesse nicht umgehen, war und machte ich mir, im Gegensatz zu früher, zumindest bewusst, dass ich wider das eigene Ich angegangen war, und konnte so den mir nur allzu bekannten Dominoeffekt des Ärgers über meine Inkonsequenz mit daraus resultierendem Schuldgefühl vermeiden. Ich-Stärkung durch annähernd objektive Analyse eigener Handlungen, Erkenntnisgewinn durch Seelenarbeit, reicher immaterieller Lohn, der durch Beharren auf diesem einmal eingeschlagenen Weg reichlich Zinsen tragen würde. Selbst in schweren Zeiten sich mit konstruktiven Gedanken abzugeben, die für mich konträren Meinungen anderer unvoreingenommen bis zu Ende anzuhören, kritische Äußerungen, die meine Person betreffen, nicht stets als Kränkung aufzufassen, in einem von anderen flüchtig geäußerten Wunsch keine Verpflichtung zur unmittelbaren Erfüllung zu sehen, meine zweckpessimistische Grundhaltung in Richtung einer aktiv pragmatischen Einstellung zu wandeln, das waren Positionen, die ich insgeheim liebend gerne schon Jahre früher bezogen hätte. Empfand ich jetzt Reue, Schamgefühl, durchlebte ich dunkle Stunden, aus welchen Gründen auch immer, war der Entschluss, auch aus der tiefsten Talsohle den Aufstieg zu planen, gefasst, die Entschlossenheit, die ich fast mit Verwunderung an mir bemerkte, erfüllte mich mit einer ungeahnten, fast nicht mehr erhofften Zufriedenheit.

Zuweilen überkam mich der Wunsch, mich noch einmal auf die Reise zu begeben, ohne vorgefasstes Ziel, ohne Zeitdruck. Mein Lieblingsbuch aus der Kindheit war »Robinson Crusoe«, eine literarische Figur, die für Sehnsucht nach Freiheit und Weite gleichermaßen wie für die – wenn auch erzwungene – innere Emigration aus sozialer Abhängigkeit stand. Ein Mensch, der mit sich selbst auskam, der sich selbst in scheinbar ausweglosen Situationen zu halten wusste, der trotz seiner jahrelangen erbarmungswürdigen Einsamkeit sein Gefühl für Menschlichkeit bewahrt hatte. Ein Mensch, der sich, sicher auch umständehalber, sein Leben lang treu war, als Lohn winkte ihm die Krone des Lebens, die Gnade seines Gottes.

Oft kreisten meine Gedanken um die Frage, ob eine Reise in die ungewisse Ferne oder die mutmaßlich für mich bedeutendere Fahrt ins eigene Innere anstand – als eine lohnende Investition für meinen Seelenfrieden. Allmählich erkannte ich den Sinn des »Dennoch«, des Vermögens, aus freien Stücken aus- und durchzuhalten. Ich lernte das freie Durchatmen zu schätzen, eine innere Helligkeit, eine Weite, die mich erstaunen ließ. Weit entfernt davon, mir selbstgefällig auf die Schulter zu klopfen, verschaffte mir die Erfahrung der Selbsterkenntnis ein stilles Glück, unteilbar und durchaus nicht mitteilbar.

»Einspruch, mein Lieber, genug ist genug! Bist du derart überzeugt von deiner Wandlung vom braven, zaghaften Zögling deiner Eltern, der nur im Dunkeln und allein auf sich gestellt den glaubhaften Widerstand probte und im Übrigen eher klein beigab aus Furcht vor Sanktionen, zum eigenständigen, selbstbestimmten Ritter ohne Furcht und Tadel? Bedenke deine Träume, deine Nächte, in denen aus kleinen große Probleme werden, versuche nicht, dein Spiegelbild mit Wörtern blank und hell zu putzen, es bleiben Schlieren am Rand, zumindest dies. Zugegeben, deine Bemühungen lassen sich sehen, dein Wille ist ungebrochen, aber dein Ehrgeiz, auch auf dem Gebiet der Selbsterkenntnis optimal dazustehen, verleitet zur Betriebsblindheit.

Lass doch zu, dass dich Schwächen überkommen, zweifele daran, deinen Parforceritt durchzuhalten, hab Geduld! Vergiss nicht, Lernen gilt für ein ganzes Leben. Wenn du dir schon deine eigene Person als Objekt ausgesucht hast, um an dir selbst alle Widrigkeiten der Seele auszuloten, miss dir Zeit zu, haste nicht, schreite voran. In der Ruhe liegt die Kraft, das Maß der Mitte, na, du weißt schon. Für diese Einwände bitte ich nicht um Verzeihung, ich nötige sie dir auf; nenn mich deine konstruktive Kritik, nenn mich dein Regulativ. Bedenke, nur wahre Freunde urteilen offen, frank und frei. Auch Menschen in ihrem selbst gewählten, klar vorgezeichneten Drang müssen sich des wahren Weges nicht nur bewusst sein, sondern einkalkulieren, dass es Abweichungen, Kurven und auch vom aktuellen Standort aus nicht einsehbare Wegstrecken geben mag, die eine unmittelbare Neubewertung der Richtung notwendig machen könnten. Kurzum, die Unwägbarkeiten, die Dynamik des Lebensweges verleiht deiner Aufgabe die Spannung, die du letztlich brauchst, um wach zu bleiben, um Mensch zu bleiben.

Flicht dir deine eigenen Kränze, bevor die anderen es nicht tun. Ehrliches Bedauern über deine Niederlagen werden die wenigsten empfinden, du aber bist aufgerufen, dein potenzielles Selbstmitleid konstruktiv zu handhaben, deine bitteren Stunden durch Einsicht zu versüßen, die Wunden, die dir zugefügt werden, verheilen, wenn du bereit zur Heilung bist, die Narben schmücken dich, sie zeigen und zeugen von überstandenen, man möchte sagen, nahezu ausgeheilten Verletzungen.«

Und dennoch, periodisch, und dann mit Wucht, erlebte ich Rückschläge in meinem Selbstwertgefühl, die sich durch erneutes, jetzt aber nur noch kurzfristiges Auftreten des Tinnitus manifestierten. Nur scheinbar jedoch blieb alles beim Alten. Der Lerneffekt, die Erfahrungen mit der Symptomatik und ihrem Kausalzusammenhang, mein mehr und mehr gelassener Umgang mit der dann drohenden Panik, all dies befähigte mich zu einer produktiven Analyse des Geschehens, gab mir die Kraft, in wenigen Tagen, oft auch in kürzeren Zeiteinheiten, den »Freundfeind« zum Verklingen zu bringen. Dennoch fragte ich mich im Laufe der Zeit, ob mein für mich selbst und andere in ähnlicher Situation erarbeitetes Konstrukt der Bewältigung des Ohrgeräusches ausreichte, den Ansprüchen auf Heilung zu genügen, die ein freies, aufs Ganze gesehen selbstbestimmtes Dasein erforderten, oder ob nicht ein gerüttelt Maß an Vorspiegelung, an lediglich eingebildeter Selbstberuhigung eine Rolle in der Tinnitustherapie spielen könnte. Ich kam zu dem Ergebnis, schon eine ungefähre Annäherung an mein gestecktes Ziel sei mit meinem Korrektiv, dem anderen Ich, zu vereinbaren. Die Freiheit von Zwängen, Abhängigkeiten und überkommenen Konventionen sollte zwar Programm sein, Abstriche sind aber allzu menschlich und in ihrer Akzeptanz hinreichend tröstlich. Anderenfalls entstünde wiederum der Teufelskreis, durch eine zu hoch angelegte Messlatte der Ansprüche den Sprung zum autonomeren Ich hinüber zu verfehlen. Es überkamen mich oft genug Zweifel, das Maß der Mitte zwischen ehrgeizig formulierten Zielen und deren Realisierung so abschätzen zu können, dass das Ergebnis zu meiner inneren Zufriedenheit ausfiel.

Zudem wurde mir klar, dass eine Selbstanalyse meines seelischen Status nicht ausschließlich durch mich selbst würde beurteilt werden können, Überlagerungen und Fehleinschätzungen durch Projektionen und Verdrängungen könnten zur Verfälschung des Gesamteindrucks wesentlich beitragen. Diese Einsicht befähigte mich, mir bei engen Freunden Rückmeldungen einzuholen, so sie denn für den Zustand meines Seelenheils zu interessieren waren, was angesichts der Bedeutung des Begriffs »Freundschaft« unschwer möglich war. Auch meine zunehmende Aufgeschlossenheit für Kritik an meiner Person und meinen Handlungen erleichterten mir, ein offenes Wort konstruktiv zu verarbeiten. Die wechselseitige Abhängigkeit von Demut hinsichtlich der Eigenbeurteilung und Fremdbewertung hatte für mich einen potenzierenden Effekt. Meine Entwicklung zu mehr innerer Zufriedenheit basierte auf dem Wechselspiel der Beurteilung seitens Dritter und eigener Sicht. Die daraus resultierende Dankbarkeit dem Leben, dem Schicksal gegenüber empfand ich als ein Glück, das mir wie ein unverdientes, aber dennoch willkommenes Geschenk aufschien. In solchen Augenblicken erfüllte sich für mich der allzeitige Wunsch des Menschen nach dem Stillstand der Zeit, unter der Bedingung der persönlichen Zustimmung, so wie es jetzt sei, sei es gut. Diese Momente versuchte ich zu erinnern, wenn es nicht hell und licht, sondern novembergrautrüb in mir und um mich herum aussah, ein Unterfangen, an dem ich zwar nicht selten scheiterte, dessen Gelingen dann aber als ein Mosaikstein zur Selbstbekräftigung beitrug: »Werde der, der du sein willst, aber lehne nicht den ab, der du bist« (Octavio Paz).

Den schmalen Grat zwischen einem weltabgewandten Egozentrismus und der Notwendigkeit, in wesentlichen Dingen bei sich zu bleiben, gerade weil nur so ein produktives soziales Miteinander möglich scheint, auf die eigene innere Stimme zu hören, diesen schmalen Steg schwindelfrei und sicher zu beschreiten, wurde mir zu einem zentralen Anliegen. Das eigenbestimmte Individuum, so setzte ich eine meiner Maximen fest, befähigte zu Uneigennützigkeit. Das nur scheinbare Paradoxon, anderen nur nahe sein zu können, wenn man ganz bei sich ist, leuchtete mir mehr und mehr ein. So gesehen, verblasste das Ideal des weltabgewandten, von irdischen und materiellen Dingen unabhängigen Weisen, meine Aufgabe sah ich zunehmend außerhalb meines Berufsbereichs in sozialen und zwischenmenschlichen Aktivitäten, die ich nun im Gegensatz zu der Zeit vor meiner Erfahrung mit dem Tinnitus selbst bestimmte und nicht unter der Notwendigkeit entfaltete, durch Dritte Bestätigung zu erfahren. Die Handlungsmotivation eines in sich und seine Probleme verstrickten, am Tinnitus Leidenden wird sich folgerichtig von den Aktivitäten derselben Menschen unterscheiden, die vom Ohrgeräusch befreit sind, selbst wenn für Außenstehende in der Handlungsweise kein Unterschied feststellbar scheint.

Die Vermittlung dieses Selbsterkennungsprozesses an die mir anvertrauten Patientinnen und Patienten, das soll hier, trotz aller Therapieerfolge, eindringlich wiederholt werden, gestaltete sich trotz nun erfolgter und erlebter Eigenerfahrung nicht immer einfach. Offenbar musste mein Gegenüber zunächst ähnliche Erfahrungen wie ich selbst durchgemacht haben, um uneingeschränkt und ohne Einwände die Einsicht gewinnen zu können, die notwendig ist, um von der Symptomatik geheilt zu werden. Diese Erkenntnis wiederum deprimierte mich oft oder, weniger dramatisch, demotivierte mich; ich fühlte mich dann gewissermaßen in einer Sackgasse.

Fortschreitende Selbsterkenntnis

Es stellten sich also Hindernisse in den therapeutischen Weg, die ich nicht hatte voraussehen können. Mein Selbstbewusstsein, mein Ehrgeiz, ja, meine Besessenheit ließen jedoch eine Resignation nicht zu. Ich suchte nach sprachlicher Vervollkommnung des Erklärungsschemas, hinterfragte noch gezielter und intensiver als früher in meinen Aufklärungsgesprächen, ließ die Betroffenen in Umkehrung des eigentlichen Verhältnisses Arzt–Patient diejenigen sein, die ihre Krankheitsgeschichte erfragen, war selbst vorübergehend der Befragte, korrigierte, unterbrach diesen Vorgang nur mit Zustimmung des anderen, versuchte mich als heimlicher Gast in der Seele meines Gegenübers zurechtzufinden, entwickelte für dieses Modell eine Sensibilität, die Früchte trug. Mit der aktiven Einbindung des Patienten ging parallel ein gesteigertes Verantwortungsgefühl des Gegenübers einher, der im Verhalten des Arztes den »heiligen« Ernst erkannte, für ihn eine optimale Therapiestrategie zu entwickeln. Medizinisch nüchtern bezeichnet man das als wünschenswerte *Compliance*, wobei dieser Begriff der Komplexität der sich entwickelnden Patienten-Arzt-Beziehung nur ungenügend Rechnung trägt. Die Dynamik dieses Prozesses verhalf mir nicht nur zu einer statistisch signifikanten Verbesserung der Therapieerfolge, sondern ich verspürte im Laufe der Zeit auch bei mir selbst eine gelassenere Distanz zur gelegentlich auftretenden Ohrgeräuschsymptomatik, bewertete sie nicht mehr als angsteinflößendes Element mit nachfolgenden panikartigen Reaktionen, ja, ich konnte mich dazu versteigen, den Tinnitus als eine Art willkommenen Gegner zu sehen, der zwar unsichtbar und sprachlos war, aber dennoch Partnerfunktion im Sinne eines Für-und-Wider-Dialogs erfüllte. Ein fruchtbares Zwiegespräch mit dem Ergebnis einer zunehmenden Selbstvergewisserung, einer Stabilisierung des gesamten seelischen Status, allmählich das Primäre vom Sekundären, das Wesentliche vom Unwesentlichen unterscheiden zu lernen. In höchster Not, wie und wo und bei welcher Gelegenheit auch immer, standhalten zu können, ohne die Angst des Gesichtsverlustes, frei von Scham im Falle des Eingeständnisses eigener Schwäche.

Nach außen hin schien ich mich häufig zurückzuziehen, an geläufigen gesellschaftlichen Ereignissen weniger interessiert, die laute Kontroverse scheuend, kurzum, für andere ein anderer geworden zu sein. Ich selbst wunderte mich nicht über die Verwunderung meiner Gegenüber, klärte nicht auf, unterließ in zunehmendem Maße rechthaberische Interventionen, früher eine meiner typischen Verhaltensweisen. Ich stellte mir die Aufgabe, nichts mehr an mir zu beschönigen, wenn ich mir vorher ein wohlüberlegtes Bild oder einen Überblick über mein momentanes Sosein gemacht hatte. Wäre es nicht blasphemisch, spräche ich von meinem eigenen Engel, der mich beschützte und vor Schaden bewahrte. Meine innere Haltung war weit von Gotteslästerung entfernt, im Gegenteil, ich verließ mich auf Gott, wenn meine Not am größten war. Man könnte auch sagen, ich suchte Schutz bei mir selbst, mein Wunsch wurde zu meinem Willen. Die Summe der Enttäuschungen, die ich vorweisen konnte, wenn ich mich in Bedrängnis auf andere stützen wollte, war im Laufe der Zeit derart angewachsen, dass meine Konsequenz, mich auf mich selbst zu verlassen, einer Überlebensstrategie gleichkam. Zudem hatte ich mit der Resignation zu kämpfen, die mich überfiel, wenn Handlungsabläufe, Dialoge und Paarinteraktionen trotz bewusst beabsichtigter positiver Einstellung immer wieder ein negatives Ergebnis zeitigten. Das Gefühl, der Macht der Verhältnisse, wie sie nun einmal sind, ausgeliefert zu sein, ist schwerlich gänzlich auszublenden, aber die Verarbeitung der sich wiederholenden Ereignisse kann produktiv ausfallen, wendet sich nur im Fall des Resignierens ins Negative.

Die Aufgabe, es trotz allem mit den Umständen und dem Ziel einer zufriedenstellenden Bewältigung von Schwierigkeiten aufzunehmen, empfand ich als Gnade. Eine Gnade der Erkenntnis, nichts ohne Einsatz zu bekommen, sich das als wertvoll und substanziell Empfundene erarbeitet haben zu müssen. Die Zeit der Geschenke war seit der Kindheit vorbei, ich hätte es als ungerecht beurteilt, sogar abgelehnt, Wünschenswertes auf allzu gerade, glatte Weise zu bekommen, die Freude am Erreichten hätte anderenfalls nicht als solche bezeichnet werden können. Ich wusste sehr wohl um meine geheime latente Neigung, zuweilen den Weg geringeren Widerstands zu gehen, umso mehr hütete ich mich davor, wusste ich doch um das schale Gefühl, das mich zuweilen tagelang beherrschte, wenn ich, meiner Einschätzung nach, schwach geworden war und mir dann auch mein inneres Korrektiv das gefürchtete Signalsymptom des Tinnitus postwendend zusandte.

Dennoch hätte man mich nicht mehr als zwanghaft bezeichnen können, meine Strategie entsprang jetzt einer Einschätzung des Maßes der Mitte zwischen Anstrengung und Entspannung, Leistung und Spiel, Bewegung und Ruhe. Ich ahnte, dass ich mit dieser Lebensmaxime nicht hausieren gehen konnte, ich machte mir bewusst, wie einsam ich werden könnte, dass ich mit derlei Überlegungen bei anderen nicht nur auf Unverständnis, sondern auf Kritik an meiner scheinbar wunderlich anmutenden Einstellung stoßen konnte, mich die Menschen um mich herum zu einem Sonderling machen würden, mit einem Etikett versehen, das für immer an mir haftete. Auch dazu bedurfte es wiederum einer zusätzlichen Stärke, das Prinzip der Konstanz, in Treue zu dem für mich richtig Erkannten zu stehen. Die allmähliche Umpolung meiner Intentionen, meiner Stellungnahmen, meines Verhaltens schlechthin zu einem Grundtenor von Konsens in Demut machte mich zu einem Menschen, den ich schon viel früher hätte kennen lernen wollen. Das angestrebte neue Ego in der Zielkurve zu bannen, erschreckte mich aber auch. Ich empfand die Ambivalenz der Klarheit der Erkenntnis und der weiterhin existenten Geheimnisse meines Innersten als ein Spannungsfeld, das umso bedrängender wurde, je mehr ich mich bemühte, das Ausmaß der zunehmend lichter werdenden dunklen Höhle in meiner Seele in seinen Grenzen auszuloten. Mehr sollte es nicht sein, konnte ich nicht ertragen, mir wurde zuweilen vor mir selbst bang. Hin und wieder kam es mir vor, als ob ich um mein Leben grübelte, den momentanen Status meiner Existenz festhalten wollte, befürchtend, das Licht in meinem Inneren, die Klarheit und die zunehmende Weite der Erkenntnis könnten mich fliehen. Ich erinnerte mich, was Heinrich von Kleist an seine Schwester im Mai 1799 schrieb: »Ein freier, denkender Mensch bleibt nicht da stehen, wo der Zufall ihn hinstößt, oder wenn er bleibt, so bleibt er aus Gründen, aus Wahl des Besseren.« Also immer wieder: Stehen bleiben oder voranschreiten, verweilen oder eilen – wenn es das Selbst ist, das bestimmt, dann ist es gut. Die innere Welt als Wille und Vorstellung sozusagen, von selbst auferlegter Bescheidenheit scheinbar nichts zu sehen. Und dennoch – ich war bereit, den Weg weiterzugehen, den ich selbst vorgezeichnet hatte, käme auch von allen Seiten fundamentale Kritik.

Allein die Wertschätzung, die ich im Laufe meines psychischen Entwicklungsprozesses meinen verstorbenen Eltern gegenüber entwickelte, versöhnte mich mit der Kärrnerarbeit, die ich mit der eigenen Person zu leisten hatte. Die Tragik der zu späten Einsicht war mir bewusst, ich litt, nach meiner Meinung zu Recht, darunter. Aus alttestamentarischer Sicht war nichts mehr zu ändern, Buße und Abbitte halfen nicht mehr, nur vorbildhaftes Verhalten, jetzt, wo ich selbst in der Rolle des Vaters und Großvaters war, schien für einen Ausgleich entgangener Chancen sorgen zu können, nämlich mit den Eltern einen für beide Seiten befriedigenden Konsens zu finden.

Die Akzeptanz des Faktischen, des »vorbei ist vorbei«, wollte mir allerdings nur schwer gelingen. Ein wehmütiger Widerstand hinderte mich oft, im Alltagsgrau innere Zufriedenheit zu finden, eine Erlösung von der Qual des Wunschkonjunktivs: »Ach, hätte ich doch, dann könnte ich und so weiter und so weiter.« So, wie man ist, möchte man nicht (mehr) sein; hat man sich und seine Verhaltensweisen nach schweren inneren Kämpfen und Anstrengungen nun einmal verändert, wäre man am liebsten so, wie man war. Der ewige Kampf des Bestehenden mit dem Neuen, das Ausbalancieren der Anlage mit dem Einfluss der Umwelt, das Bewusstsein für diese grundsätzlichen Lebenskonstellationen wird bei Menschen mit Ohrgeräuschen geschärft, so sie denn ihre innere akustische Last als Mahnung zur Besinnung anzusehen und anzunehmen bereit sind. Nichts fürchtete ich mehr als einen Stillstand meines mir selbst verordneten Entwicklungsprozesses, spürte ich doch häufiger Zeichen geistiger und körperlicher Ermüdung, die sich in Vorstellungen von Sinnlosigkeit, Überzogenheit der eigenen Ansprüche und – allerdings vorübergehender – Resignation manifestierten. Ich versuchte, diesen negativen, mich zu lähmen drohenden Einflüssen durch Relativierung der Bedeutung meiner Person zu begegnen. Die bewusste, bejahende Hinwendung zu mich nicht primär betreffenden karitativen Lebensbereichen verschaffte mir Freiraum. Ich empfand diese freiwilligen und unentgeltlichen Tätigkeiten nicht als fremdbestimmt, handelte nicht, um damit das Wohlwollen anderer zu erlangen, sondern als Zeichen meiner allmählich zunehmenden Autonomie, eines selbstbestimmten, selbstkritischen Lebensplans.

Nicht zuletzt an diesem Punkt stellte ich mir nicht die Frage der verlorengegangenen Ursprünglichkeit des Kindseins im Sinne von »Wo ist das Kind, das ich war?«[14], sondern mich berührte mehr das Problem des »Wie war das Kind, das ich war?«. Überkam mich doch dabei ein Bekanntheitsgefühl, als ob eine Art nichtkindlicher Unabhängigkeit vorhanden gewesen sein müsse, aus Überlebensgründen gewissermaßen. Um noch ein – jetzt letztes – Mal die Erinnerung an meine Kindheit zu bemühen: Aufgrund der bereits mehrfach erwähnten Problematik, die mein Verhältnis zu meinen Eltern, besonders aber meinem Vater, belastete, nach dessen Bestätigung ich mich so sehr gesehnt hatte, sie aber nicht erlangen konnte, blieb mir damals keine andere Wahl als der Weg in die innere Emigration. Ich begab mich auf das Feld des Zwiegesprächs mit mir selbst, nachts, wenn ich mit meiner Fantasie allein und den Vorstellungen vom Zusammenleben mit geliebten Menschen Raum geben konnte. Ich versuchte, mich in zwei nahezu identische Personen aufzuspalten, wenngleich mir dieser Prozess im vorpubertären Alter sicher nicht bewusst war. Rückblickend sah ich diese Aktivität als den

14 Beginn eines Gedichts von Pablo Neruda.

Willen zum Überleben unter mir unerträglichen Bedingungen an, mein geplanter, teils bewusster Verzicht auf liebevollen Kontakt zu den Eltern gewährte mir Freiraum und Kräfte, meine eigene Welt zu erschaffen. Andererseits war ich als Heranwachsender materiell und sozial ans Elternhaus gebunden, überdies überwältigte mich die sehnsüchtige Verzweiflung nach einem mir zugewandten Vater allzu oft. Diesen Zwiespalt ertrug ich bis zu dem Zeitpunkt, als ich nach dem Schulabschluss meine Heimatstadt und damit mein Elternhaus verließ.

Der so mitgeführte, ungelöste Konflikt sank in mein Unterbewusstsein hinab, fortan verstellte ich mich im Verhalten zu meiner Umwelt, biederte mich an, besonders bei mir übergeordneten Personen, ständig auf der Jagd und Suche nach Anerkennung und Bestätigung, agierte, wenn auch unbewusst widerwillig, willfährig und vorschnell bei Entscheidungen, die ich bei reiflicher Überlegung anders hätte treffen müssen, bemerkte oft, allzu oft, dass ich Handlungsabläufe nicht abschloss, oder wenn, dann nur mangelhaft, Aktionen, die sowohl meinen privaten als auch meinen beruflichen Bereich betrafen. Zaghaft, voller Selbstzweifel, dabei innerlich ruhe- und rastlos, auf der Suche, nicht eindeutig wissend, wonach. In der Fremdbeurteilung schienen diese Attribute nicht zu existieren, da wurde ich als arrogant, dominant und vorurteilsbehaftet angesehen. Wurden die Beziehungen jedoch enger, so bei sich entwickelnden Freundschaften, wurde dieses Urteil nicht nur aufgehoben, sondern mit einiger Verwunderung revidiert, offenbar konnte ich anfangs aus Vorsichts- und Misstrauensgründen, auch aus Angst vor Enttäuschungen, zunächst nicht meine eigentlichen Eigenschaften zulassen: das Harmoniebedürfnis, die unbedingte Treue bei einmal geäußerter Zustimmung zu einer Person. Hinzu kam eine nachhaltige Verlässlichkeit, auch mir selbst gegenüber schonungslose Ehrlichkeit. Alle diese Attribute stellten in ihrer Gesamtheit für mich den Gipfel erreichbarer menschlicher Qualitäten dar. Diese scheinbare Idealisierung meiner eigenen Person hätte ich Dritten gegenüber niemals thematisiert, auch war ich mir nicht sicher, ob nicht eine träumerische Sehnsucht nach einem imaginierten Ideal sich mit meinen als real erlebten

Bildern überlagerte, aber so, wie für jeden Menschen eine eigene Wirklichkeit existiert, so, wie jedes Buch von jedem Leser auf dessen eigene Weise interpretiert wird, so sah ich mein Leben oder wollte es so sehen.

In letzter Konsequenz scheint das Geheimnis vom Gelingen eines Lebensentwurfs folgendermaßen begründet: in dem Willen, in der von keinem Dritten zu beeinflussenden Absicht, sein Leben so und nicht anders leben zu wollen. Keine Frage, das klingt absolut egoistisch: Wo wären wir denn, wenn diese Maxime jeder für sich in Anspruch nehmen wollte? Nun, wir sind möglicherweise dann da, wo Kant uns hinführen wollte: Heraus aus der (selbst verschuldeten) Unmündigkeit, da, wo äußere Bedingungen, das Goldene Kalb, aber auch die mystischen Einflüsterungen vorgeblich weiser Gurus keine Beachtung finden, keinen elementaren Stellenwert haben, da, wo der eigene Wille eine Bedeutungshoheit erlangt, die den Einfluss auf unser Ich bei uns selbst belässt. Dem Geradeauslauf des Lebens dann und wann gezielt eine Kurve hinzuzufügen, wer träumt nicht von dieser Vorstellung, wer möchte nicht dem Einerlei des Alltags einen farbigen Tupfer hinzufügen. Viele träumen und trauen sich nicht, Erklärungen und Entschuldigungen gibt es viele, der Sprung könnte im kalten Wasser landen, das Risiko eines Misserfolgs scheint den meisten zu groß zu sein.

Nach meiner eigenen Beurteilung gehöre ich im besonderen Maße zu der Gruppe der zaghaften Träumer, die den Begriff der Sehnsucht viel öfter als andere zur Hand hatten. Die Grenze zu überschreiten, die Grenze zum Neuland, zum Unbekannten, einer Rechnung mit einem Fragezeichen, diesen Mut hätte ich schon immer gerne gehabt, sehr früh brannte mir diese Thematik unter den Nägeln, die Verwirklichung wurde mir erst mit dem Sieg über mein Ohrgeräusch möglich, zumindest im für mich wichtigsten Teilbereich meines Lebens, *des selbstbestimmten Handelns bei für mich unabdingbaren Projekten.* Frei zu werden auch in der Revision von scheinbar als unumstößlich geltenden Urteilen, die sich unter dem Aspekt der kritischen Infragestellung als unhaltbar oder vorschnell erwiesen. Viele wesentliche und grundsätzliche Defizite hatte ich an der Erziehung meiner Eltern, auf meine Kindheit bezogen, zu bemängeln, die unversöhnliche Haltung ihnen gegenüber überdauerte Jahrzehnte. Erst spät erkannte ich, unter welch schwierigen Bedingungen eine Aufarbeitung meiner Fehlentwicklung zu leisten war, der Blick wurde frei nach dem Abbau der trennenden Mauern Vorurteil und Fehlurteil, frei für das Gefühl der verzeihenden Liebe. Eine Grenze, die ich mir selbst gesetzt hatte, niederzureißen, zu überschreiten und neue Eindrücke als bereichernd zu akzeptieren, ohne äußere Notwendigkeit und Druckverhältnisse, dieser Umstand schien mir ein Beispiel für die Existenz eines freien Willens zu sein. Platon lässt die Bewohner der Höhle nur die Schatten der Dinge sehen, nur einer darf irgendwann, als er sich entschlossen aus eigener Kraft aufmacht, der Höhle zu entkommen, die realen Abbilder der Schatten erkennen. Es sei dahingestellt, ob das Kriterium des Glücks, der Freude oder der Freiheit auf diesen einen anzuwenden ist, wichtig erscheint mir die unabdingbare Entschlossenheit, die Initiative, die der eine ergriff.

Menschen sehnen sich nach Überschreitungen von Grenzen, sowohl denen, die ihnen gesetzt sind, als auch denen, die sie sich selbst errichtet haben. Den Mut, die fremde neue Seite kennen zu lernen, zu erfahren, muss primär aus ihnen selbst kommen, der Anstoß dazu kann zweitrangig sein. Die Frage, die ich mir stellte, war nun die, ob nicht in der Regel ein Anlass, eine Anregung von außen erfolgen muss, um den Königsweg des Zusichselbstkommens und Beisichselbstbleibens zu beschreiten. Michel de Montaigne schreibt dazu: »Unser Übel liegt in der Seele, die aber kann sich selbst nicht entfliehen. Also muss man sie zurückholen und in sich selbst zurückführen: Das ist die wahre Einsamkeit, die man inmitten der großen Städte und der Königshöfe genießen kann; aber im Abseits lässt sie sich angenehmer genießen.« Vom Genuss ist hier die Rede, vom Genuss an der inneren Unabhängigkeit. So und nicht anders verstand ich letztlich die Aufforderung meines ehemaligen Quälgeistes, der mich im Klammergriff hatte, des Tinnitus, meines Signalgebers, meines Mahners und Lebenskurvenvorbereiters, endlich den trüben Blick der sklavischen Abhängigkeit von der Umwelt und seinen Einflüssen zu klären, um geläutert eine Welt wahrzunehmen, die meine Welt war, auch wenn andere sie anders sahen und beurteilten. Die Vielfalt der Meinungen, die unendliche Zahl der Standpunkte und Sichtweisen der Menschen bedingten nicht länger Gefühle der Minderwertigkeit und Panik in mir, ich konnte gewähren lassen, ohne mich zu entäußern, konnte zustimmen, weil es mein ureigenes Ja war, konnte lieben, ohne Forderungen nach Gegenliebe zu stellen.

All dies, so musste ich mir zugestehen, galt, als ich an diesem Punkt reflektierend angelangt war, mit gewissen Einschränkungen und zeitweiligen Ausnahmen, Rückfälle blieben unter Berücksichtigung der für uns Menschen typischen Zwiespältigkeiten unbedeutend. Überdies fand auch hier das Prinzip der selbstbestimmten Gewichtung von für mich positiven oder negativen Aspekten seine Anwendung. Nachdenklichkeit, Nachbesinnung, Nachbetrachtung, die beiden letzten Begriffe bezogen sich für mich auf vorangegangene konkrete Situationen, der erste auf mein bisheriges Leben, dessen Verlauf bis zur Gegenwart, auf meine Erwartungen an die Zukunft und die möglichst vorurteilsfreie Einschätzung der momentanen Lage. Mit anderen Worten: Ich fragte mich, ob meine bisherige Psychotherapie und sich daran anschließende Selbstanalyse, im Wesentlichen dadurch bedingt, den Gründen für das Signalsymptom nachzugehen, substanzielle Ergebnisse erbracht hatte, oder ob, wie früher häufig geschehen, der Absicht die Umsetzung in die Tat fehlte. Sicher, auch ein verzweifeltes Anrennen gegen verkrustete seelische Konstellationen, das Bemühen allein also, zeugt von geistiger Mobilität, aber sich einen Erfolg an die Fahnen zu heften, dem wahren Selbst, in welchem Bereich auch immer, zu einem kleinen Sieg verholfen zu haben, stärkt letztlich jeden Menschen. Dies kann ein Teil, stellvertretend für das Ganze, ein Kristallisationskern für weitere Glücksmomente auf anderen Gebieten sein. Die von unerfüllbaren Wert- und Wunschvorstellungen möglichst unbefrachtete Erinnerung dürfte ein wichtiges Element bei der Arbeit an der Vervollkommnung des eigenen Ich darstellen. Misserfolge, Rückschläge, das Abgleiten in Verzweiflung, wenn denn alle Anstrengungen erfolglos zu bleiben scheinen, kann mit dem Abrufen von Überlegungen in Situationen begegnet werden, die aus einer schier ausweglosen Position doch noch einen Weg ermöglichen, der aus der alles lähmenden Schwäche eine Stärke macht.

Genau diese Reproduktionen gedanklicher Abläufe als Modell wird ein Therapeut mit Selbsterfahrung in der Symptomatik einem an Tinnitus Leidenden vorschlagen, um dem Betroffenen die Möglichkeit auf eigene Verlässlichkeit vor Augen zu führen. Selbst wenn diese Vorgehensweise nur ein einziges Mal zum Erfolg geführt haben sollte, kann das Prinzip Hoffnung Wunder wirken. Der überzeugend argumentierende Arzt muss keine Wunderheilung versprechen, um den Patienten auf den richtigen Weg zu führen. Die unbedingte Empathie ist nicht rational vermittelbar, sie wird in der Regel auf der emotional-psychischen Ebene empfunden. Für diese Erkenntnis, das wusste ich, lohnt sich jedweder Aufwand, jede Mühe, der Erfolg gab mir Recht, auch, wenn dann und wann meilenweite Umwege zu bewältigen waren. Denn wie sagte doch Tucholsky sehr treffend: »Kurzes Glück kann jeder.«

Den Tinnitus als Leidenssymptom zu besiegen, ihm die unerwünschte Herrschaft über Menschen zu nehmen, dazu bedarf es meiner Ansicht nach der geschilderten Vorgehensweise, eine dauerhafte Zufriedenheit winkt zur Belohnung. Alle, die sich angesprochen fühlen, wann auch immer sie den Entschluss fassen werden, aufgrund diese Berichts ihr Schicksal auch in ihre Hände zu nehmen, sollen sich erinnern und bedenken: *Ohrgeräusche sind beherrschbar und heilbar,* nicht zuletzt und vor allem durch unbeirrt zielgerichtetes Handeln, durch die entschlossene Zusammenarbeit von Therapeut und Patient. Es heißt, der Weg ist das Ziel – zugegeben, der Weg ist mühsam, mit schwarzem Geröll belegt, steil ansteigend, das Ziel aber ist hell und licht, vor allem aber: *Stille erwartet Sie.*

IV Weitergabe an andere Leidende

Die selbstanalytischen, beispielhaft biografischen, leid- und später eher hoffnungsvollen Überlegungen eines vom Tinnitus Betroffenen, der zugleich als Arzt für Diagnose und Therapie von Menschen mit Ohrgeräuschen zuständig ist, verpflichten geradezu, an die vielen am Geräuschsymptom Leidenden weitergegeben zu werden. Ein Mensch, der trotz oder vielleicht auch wegen des Zufalls, an einem Symptom zu leiden, das er von Berufs wegen selbst zu behandeln hatte, dem Geschehen über eine lange Zeit ratlos und ohne Hoffnung gegenüberstand – dieser Mensch bin ich. Erst die Einlassungen meiner Frau und Partnerin, die ich so oft lediglich als Kontrahentin angesehen hatte, wiesen mir den richtigen Weg an entscheidenden Schnittstellen meiner Existenz. Die Dankbarkeit werde ich bewahren, ich werde mich erinnern, wie die unbestimmte Angst, die grenzenlose Resignation sich zwar nicht unmittelbar auflöste, aber fassbarer, überschaubarer wurde, ich nach den Hinweisen meiner Frau hinsichtlich des weiteren Vorgehens erahnte, es könne mir geholfen werden, indem ich mir selbst half. Eingeschlossen in diese Dankbarkeit soll nicht zuletzt auch der Psychotherapeut werden, unter dessen Führung ich den eingeschlagenen Weg beginnen und zu Ende gehen konnte. Ohne diese beiden Menschen hätte mich der in meiner Lebensqualität so einschränkende, ja, vernichtende Tinnitus mutmaßlich auf Dauer belastet. Offenbar müssen die richtigen Ratschläge zur richtigen Zeit kommen, die, verbunden mit dem Leidensdruck, heilende Wirkung zeigen.

Aus dieser langen, leidvollen Erfahrung mit der für andere unsichtbaren Folter entwickelte ich ein Tinnitusmanagement, im medizinischen Bereich auch »Goldstandard« im Sinne einer optimalen Behandlungsmöglichkeit genannt. Angesichts der Vielfalt von Therapiemethoden stellt sich die Frage, ob der hier vorgeschlagene Weg als der einzig richtungsweisende anzusehen ist. Die Antwort scheint so einleuchtend wie einfach: Die Erfahrung der eigenen Heilung und die Erfolge im Bereich der ambulanten Beratung von Tinnituspatienten rechtfertigen die aufgezeichnete Vorgehensweise. Auch die großen, bekannten Tinnitus- und Fachkliniken Deutschlands verfahren in der beschriebenen Weise, allerdings steht der zeitliche und materielle Aufwand in keinem Verhältnis zur ambulant durchgeführten Therapie. Dessen ungeachtet schließen die Lektüre dieses Buches und deren produktive Verarbeitung einen mehrwöchigen Aufenthalt in einer Fachklinik nicht immer aus.

Es erscheint offensichtlich: Wenn man den Begriff der *Sympathie* irgendwann wörtlich nehmen sollte, dann hier und jetzt: ein tief empfundenes »Mitleiden« mit Tinnitusbetroffenen. Diese Bedingungen führten zu dem Entschluss, auch beeinflusst von einem gewissen Sendungsbewusstsein, sich den über das Ohrengeräusch Klagenden über das gewöhnliche medizinische Maß hinaus intensiv zuzuwenden. Im Verlauf der Jahre von 1996 bis 2005 sammelte ich mit mehr als 1500 Tinnituspatienten in der eigenen Praxis Erfahrungen, die ein allgemein anerkanntes, praktizierbares und vor allem erfolgreiches Therapiekonzept ermöglichten.

Um nun vom Besonderen zum Allgemeinen zu gelangen, das Verfahren also gewissermaßen regelhaft zu gestalten, lautete die Grundfrage, ob Menschen mit bestimmten, angeborenen und/ oder erworbenen Persönlichkeitsmerkmalen unter bestimmten Bedingungen (z. B. Konflikte oder bedrängende und belastende Situationen) signifikant häufiger Tinnitus entwickelten als Personen, die diese Merkmale nicht oder in geringerem Maße aufwiesen. Dafür wurde ein Fragenkatalog entwickelt, dessen Beantwortungsmuster neben der differenziert und individuell durchzuführenden Anamnese (Erforschung der Vorgeschichte des Betroffenen) als Maßstab zur Beurteilung der Spezifität der Gruppe herangezogen wurde.

Zehn Fragen an Tinnituspatienten

1) Wie verhalten und empfinden Sie sich gegenüber Bitten von anderen?
2) Wie verhalten und empfinden Sie sich in Diskussionen bei Widerspruch anderer gegen Ihre Meinung?
3) Wie ist Ihr »Spielverhalten (z. B. beim Tennis, bei Kartenspielen)? Mutig nach vorn orientiert oder eher zurückhaltend und defensiv ?
4) Wie schätzen Sie Ihre Zivilcourage in herausgehobenen Situationen ein?
5) Wie ist Ihre Selbstbeurteilung im Hinblick auf Disziplin und Pflichterfüllung?
6) Beschreiben Sie Ihren Arbeitsplatz unter Ordnungsgesichtspunkten.
7) Wann erscheinen Sie zu Verabredungen?
8) Wie beurteilen Sie gegenteilige Meinungen in Auseinandersetzungen?
9) Wie schätzen Sie Ihre eigene Leistung ein (beruflich und privat)?
10) Üben Sie Selbstkritik und wann? Wie ertragen Sie eventuelle Fremdkritik?

Die Durchführung der Anamnese sollte beginnen mit dem Ausschluss möglicher äußerer und damit objektiv nachweisbarer Ursachen für das Auftreten eines Ohrgeräuschs, wie zum Beispiel akute Lärmeinwirkung, die Einnahme innenohrschädigender Medikamente, Innenohrtumoren und einige Gehirnerkrankungen. Diese organischen Veränderungen müssen dann durch eine körperliche Untersuchung in Verbindung mit der Durchführung von subjektiven und objektiven Hörprüfungen, einer neurologischen Untersuchung und gegebenenfalls durch ein Kernspintomogramm des Kopfes ausgeschlossen werden.

An diesem Punkt empfiehlt es sich, eine Frage an den Patienten einzuschieben, was er denn selbst als Ursache für seinen Tinnitus vermute. Eine möglichst verhalten, wenig insistierend durchzuführende Abklärung der sozialen, beruflichen und familiären Situation schließt sich an. Erst dann sollte die Möglichkeit des Zusammenhangs zwischen einer psychischen Anspannung und dem akustischen Phänomen erörtert werden. Bei, im Übrigen fast regelhaft erfolgter, Akzeptanz können dann die oben aufgeführten Fragen zur Beantwortung angeboten werden.

Typische Persönlichkeitsmerkmale Tinnitusleidender

Aus der kritischen Beurteilung der geschilderten diagnostischen Schritte konnte die Schlussfolgerung gezogen werden, dass Menschen mit bestimmten Persönlichkeitsmerkmalen prädestiniert für das beschriebene Symptom schienen. Es werden *zwanghafte* und *narzisstische* Persönlichkeitsanteile unterschieden. Zwischen diesen beiden besteht eindeutig ein wechselseitiges Abhängigkeitsverhältnis. Unter zwanghaften Anteilen versteht man im Wesentlichen ein Kontrollbedürfnis und unter narzisstischen Anteilen ein mangelhaftes Selbstwertgefühl. Im Einzelnen werden diese Begriffe nachfolgend erläutert:

Zwanghafte Persönlichkeitsmerkmale

1) Kontrollbedürfnis: In den meisten Fällen wird das Bedürfnis, die eigenen und die Handlungen anderer zu kontrollieren, als unbedingt notwendig empfunden, was in der Begegnung und im Umgang mit anderen oft und verständlicherweise zu Abwehrreaktionen führt und eine kritische Distanz bewirkt oder verstärkt.
2) Kognitive Dominanz (»Kopforientierung«): Im Verhalten auf emotionaler Ebene wird eine Versachlichung praktiziert, die wiederum überdurchschnittlich häufig zur Isolierung des Agierenden beiträgt, gewissermaßen ein Alleinsein und -bleiben mit seinen Gefühlen.
3) Affektisolierung: Trennung zwischen Vorstellungen/Gedanken und den dazugehörigen Gefühlen/Empfindungen. Dieser Punkt bezieht sich auf 2), man könnte ihn auch als logische Folge aus 2) definieren.
4) Leistungsorientierung: Die genannten Symptome dokumentieren die innere Haltung des Eingrenzenmüssens, um »im

Rahmen« zu bleiben, von eigener Unzulänglichkeit in Dingen des täglichen Lebens möglicherweise abzulenken bzw. deren selbst erkannten, als defizitär empfundenen Status zu verbergen oder zu kompensieren.

5) Verantwortungsgefühl: In Verbindung mit dem Anspruch, Probleme überproportional zufriedenstellend zu lösen, Handlungen ihrer Bedeutung nach unangemessen exakt durchzuführen und im Sinne eines »Helfersyndroms« für andere zum Teil deren spezifische Aufgaben zu übernehmen, ist das Verantwortungsgefühl überdimensioniert.
6) Damit verbunden führt »Zähnezusammenbeißen« in der ursprünglichen Bedeutung des Wortes zu einer muskulären Verspannung, besonders der Kiefer-, Kau- und Halsmuskulatur, einer Symptomatik, die in der Fachliteratur und von medizinischen Laien häufig als eine der maßgeblichen Ursachen des Tinnitus angesehen wird, augenscheinlich jedoch nur als zusätzlicher äußerer Ausdruck einer *inneren Anspannung* gedeutet werden muss.
7) Übermäßiges Gefühl der Fremdbestimmtheit (Leiden am Mangel von Autonomie): Nicht zuletzt wird die fehlende bzw. mangelhafte Autonomie als besonders defizitär empfunden, da der Betroffene gleichzeitig den Druck seines Inneren empfindet, der Fremdbestimmtheit aktiv zu begegnen und ihr nicht nachzugeben. Die daraus resultierende innere Anspannung bewirkt nach meinen Erfahrungen einen überdurchschnittlich ausgeprägten Leidensdruck, stärker noch als die bisher aufgeführten Merkmale (1–6), weil die eigene Unzulänglichkeit im Umgang mit anderen überdeutlich offenbart wird.

Narzisstische Persönlichkeitsmerkmale
Mangelhaftes Selbstwertgefühl, Selbstzweifel und Suche nach Außenbestätigung.

Diese Merkmale stellen gewissermaßen spiegelbildlich die emotionale Seite der zwanghaften Persönlichkeitsmerkmale dar.

Die narzisstische Persönlichkeit überschätzt sich selbst, um unbewusst nicht eingestandene oder nicht erkannte seelische

Konflikte im Verhältnis zur Umwelt zu verdecken beziehungsweise auszugleichen. Bei Beurteilungen durch Dritte kommt es zu einer Diskrepanz zwischen Selbst- und Fremdeinschätzung, wodurch eine tiefenpsychologische Kränkung entsteht mit der Folge mangelnden Selbstwertgefühls und Selbstzweifels. Der Teufelskreis schließt sich, wenn die vom Ich erkannten Defizite kompensiert werden wollen in Form von teilweise extremer Suche nach Außenbestätigung.

Es wurde ein eindeutiges wechselseitiges Abhängigkeitsverhältnis der Symptome von- und untereinander zwischen den beiden Merkmalsgruppen festgestellt, sodass die aufgeführten Persönlichkeitsanteile eindrucksvoll dominieren. Wichtig erscheint, darauf hinzuweisen, dass die narzisstischen Anteile dem inneren Selbst kontraproduktiv gegenüberstehen oder, mit anderen Worten, eine Entwicklung der harmonischen Balance zwischen »äußerem« und »innerem« Ich behindern.

Die zwanghaften und die narzisstischen Persönlichkeitsmerkmale werden, einzeln oder gemeinsam, als sozialverträglich wahrgenommen und nicht als seelische Störung oder Krankheit bewertet. Eher wird dieser Personenkreis oft als »Mädchen für alles« angesehen, verbunden mit dem Standardspruch »die oder der wird es schon richten.«

Warum nun, so lautete die weitergehende Frage, sind diese Menschen so, wie sie sind? Die Basis zur Herausbildung der aufgeführten spezifischen Merkmale scheint eine aus der Kinder- und Jugendzeit stammende, durch fehlende Aufarbeitung anhaltende Beziehungsstörung zu sein, deren unbewusste Verarbeitung und Verlagerung von Problemen oder unbewusste Kompensation die beschriebenen psychischen Veränderungen manifestieren.

Im Fall eines für das Selbst akuten oder seit langem bestehenden unverarbeiteten Konflikts oder von Lebensumständen, die im Grunde dem Selbstwertgefühl und dessen Einschätzung zuwiderlaufen, dennoch nicht geändert beziehungsweise gelöst werden, kommt es zu einer seelischen Daueranspannung, zur *Psychotension*, die sich in verschiedenen als körperlich empfundenen Anzeichen äußern kann. Als eines der störendsten und auch verstörendsten Symptome wird der Tinnitus empfunden, der als *Signalsymptom* dem Betroffenen zu erkennen gibt, dass das Selbst sich in höchster Not befindet und offensichtlich keine andere Möglichkeit besitzt, auf sich und seine Notlage aufmerksam zu machen.

Zusatzinformationen aus ärztlicher Sicht

Ergänzend seien hier noch weitere Innenohrsymptome angeführt, die gemeinsam mit Tinnitus auftreten können und ihrer Entstehung nach ebenso wie das geschilderte Ohrgeräusch einzuordnen sind: verfremdete Sprachempfindung (Dysakusis), das Gefühl des überlauten Hörens (Hyperakusis) sowie ein dumpfer Druck, gelegentlich und seltener auch Schwindel, akute Hörminderung (s. u.).

Noch vor wenigen Jahren schien die Herleitung des beschriebenen Zusammenhangs für die anerkannten Fachleute gewagt, wenn nicht gar medizinisch falsch beziehungsweise überholt. Heute gilt, zumindest bei den für die Symptomatik kompetenten Institutionen und Therapeuten, die Kausalkette als eindeutig und zutreffend. Der Tinnitus wird dabei zu mehr als 80 Prozent ohne begleitende Hörminderung (auch als plötzlicher Hörverlust oder »Hörsturz« bezeichnet) zunächst oft in seiner Symptomatik als nicht krankhaft eingestuft. Es wird meist zugewartet, ob das Geräusch wieder verschwindet. Tritt ausschließlich ein Tinnitus auf, stellt dieses Verhalten für die spätere Therapie *keinen Nachteil* dar. Gesellt sich jedoch anfangs eine begleitende akute Hörminderung hinzu (in 15 bis 20 Prozent der Fälle), beträgt das Zeitfenster für eine dann notwendige medikamentöse Therapie (Infusionen mit durchblutungsfördernden Zusätzen) nur 48 Stunden. Diese Therapie gilt, wie ausgeführt, *ausschließlich* für Fälle *mit* begleitenden, akut aufgetretenen Hörminderungen.

Eine klärende, nicht nur nach meiner Auffassung wichtige Zusatzbemerkung an dieser Stelle: Wie aus den Prozentsätzen des Auftretens beider Innenohrfunktionsstörungen ersichtlich, ist ein gemeinsames Vorkommen von Hörverlust *und* Tinnitus durchaus *nicht* die Regel. Eine unter Laien wie auch in den Medien häufig vertretene Ansicht, die beiden Symptome seien gleichzusetzen oder träten immer gemeinsam auf, ist daher irrig und überdies therapeutisch fehl am Platz: Den Betroffenen wird durch eine medikamentöse Behandlung ein Behandlungserfolg suggeriert, der in keinem Fall eintritt! (Dies gilt, wenn eine objektive Hörstörung *nicht* nachweisbar ist.)

Mit zunehmender Dauer des Tinnitus werden die Betroffenen von psychosozialen Begleitsymptomen heimgesucht. Spannungsgefühle und Angstzustände stellen sich ein, die von Schlafunregelmäßigkeiten bis hin zu Schlaflosigkeit führen, es treten Arbeitsstörungen auf, die wiederum Ohnmachtsgefühle nach sich ziehen können. Schließlich resultieren im Sinne eines Dominoeffekts depressive Verstimmungen mit sozialem Rückzug, letztlich kann es zu einer Blockade der gesamten Persönlichkeitsentwicklung, zum Stillstand der Interaktion mit sich und anderen kommen.

Aus der Tatsache, dass allein in Deutschland etwa 4 bis 5 Millionen Menschen an Tinnitus leiden, wenn auch nicht alle vollständig an den vorgenannten Folgeerscheinungen, aber doch immerhin rund 2,5 Millionen über einen erheblichen Leidensdruck klagen, mag ersichtlich werden, dass das Krankheitsbild nicht nur einen individuellen Unglücksfall darstellt, sondern auch zu einem volkswirtschaftlichen Problem aufgrund der Symptomatik mit nachfolgender, lang anhaltender Arbeitsunfähigkeit geworden ist. Mithin scheint es gerechtfertigt, den Tinnitus als eines der schwerwiegendsten Probleme im Gesundheitswesen der gegenwärtigen Zeit zu bezeichnen. Für viele ist und wird er zum Fluch. Umso dringlicher stellt sich die Aufgabe, die ursächlichen Zusammenhänge der Tinnitusentstehung darzulegen, den Betroffenen diese im Gespräch transparent zu machen und auf eine, gemessen an den Kriterien des gegenwärtigen medizinisch-technischen Niveaus, unspektakuläre und zugleich ökonomische Weise den Tinnitus zum Verschwinden zu bringen oder zumindest die subjektive Intensität auf ein individuell erträgliches Maß zu reduzieren, ihm durch die beschriebene Vorgehensweise das unheilvoll Drohende zu nehmen.

Der Weg dazu besteht darin, die Leidenden in einem ausführlichen Erstgespräch (45 bis 60 Minuten) anamnestisch zu befragen, ihnen eine Erklärung der möglichen Zusammenhänge zwischen der geschilderten Symptomatik und ihrer spezifischen Lebenssituation zu vermitteln, die zu einer Akzeptanz der Erläuterungen durch die Betroffenen führen sollte, um mittels dieser Vorgehensweise eine Spannungslösung (Verschwinden der Psychotension) und damit in der Folge ein Nachlassen der Tinnitusempfindung zu erreichen. Parallel dazu wird eine Anleitung zur Selbstanalyse bestehender und künftiger Konfliktsituationen empfohlen, die vorbeugend wirken soll, um zukünftigen spannungsauslösenden Ereignissen ihre Brisanz zu nehmen.

Die Fälle, die auf diese Weise kurz- bis mittelfristig nicht zu einer Heilung (Tolerierung bzw. Verschwinden des Ohrgeräusches) führen, sollten dann (verhaltenstherapeutisch) im Rahmen einer gezielten Psychotherapie angegangen werden. Auch dieser weitere und dann unumgängliche Schritt muss mit überzeugender Empathie vermittelt werden.

Die Erfahrungen mit den genannten Therapiemethoden sind mehr als ermutigend: *Bei einem Großteil der Fälle konnte eine Minderung der Intensität oder ein Verschwinden des Tinnitus erzielt werden.*

V Fazit

Wie ausführlich dargelegt, kann das Phänomen des Tinnitus, als Signalsymptom bezeichnet, über den geschilderten therapeutischen Umweg zu einer produktiven Persönlichkeitsentwicklung wesentlich beitragen. Der größtenteils fremdbestimmte Mensch wird sich seiner Abhängigkeit vom sozialen Umfeld bewusst werden, er steuert im Laufe der beschriebenen Therapie gegen seine defizitär empfundene Situation und gewinnt an Autonomie, deren Ausdruck sich für den Einzelnen in Eigenschaften manifestieren kann, die den bisherigen, ihm eigenen, allzu bekannten Persönlichkeitsmerkmalen entgegenstehen. Die sich in den meisten Situationen, sozialen Begegnungen und Lebensplanungen frei entwickelnde und autonom entscheidende Persönlichkeit kann so durch das zunächst belastende Phänomen des Tinnitus eine Lebensqualität erreichen, die für den Einzelnen in diesem Ausmaß vor Auftreten der Symptomatik schlechthin nicht vorstellbar schien.

Sindbads »alter Mann«, einst als Fluch, als dunkles Schicksal empfunden, kann durch mutige Eigeninitiative, angeleitet durch mit dem Leiden erfahrene Therapeuten, zum Segen werden. Ein Lehrstück mit positiven Folgen, immer unter der Prämisse einer offensiven Bewältigungsstrategie.

VI Zum Schluss

Zehn Jahre sind seit dem Verschwinden meines Tinnitus vergangen, Zeit genug, Bilanz zu ziehen, ohne die Erinnerung zu schönen, so objektiv es einem, der sowohl Patient selbst als auch Therapeut war und ist, möglich erscheint. Vorab die Feststellung, dass das Tinnituserlebnis bei den Betroffenen, die als geheilt gelten können, die das Symptom also nicht mehr belästigt beziehungsweise die es für erträglich halten, ein Türöffner für ein differenziertes und als glückhaft empfundenes, reicheres Seelenleben wurde. Einzuwenden wäre, eine zu ausführliche Beschäftigung mit sich selbst führe, postmodern ausgedrückt, zur Vereinsamung des Individuums im sozialen Umfeld. Dieses Argument wird für mich durch den Umstand entkräftet, dass die vom Tinnitus Befreiten sich vor dem Auftreten der Symptomatik eher zu wenig oder gar nicht mit ihrem Ich auseinandergesetzt hatten oder die häufig vorhandenen deutlichen inneren Hinweise nicht hinreichend beachtet und gewürdigt hatten. Ein Weg zum produktiven Egoismus scheint also, sicher neben anderen geschilderten Faktoren und Möglichkeiten, über das Tinnituserlebnis und dessen Verarbeitung zu führen. Sich seines alltäglichen Daseins immer wieder bewusst zu werden, es widerzuspiegeln an Menschen und Ereignissen, eine Analyse des Tagesgeschehens regelmäßig durchzuführen, stellen Aktivitäten dar, die ohne das innere Signalsymptom erfahrungsgemäß nicht in der Intensität erfolgen.

Im ärztlichen Bereich schlägt sich nach eigener Erfahrung das veränderte Bewusstsein in einer verstärkten Empathiefähigkeit nieder, Patienten werden mehr als Gesamtpersönlichkeit gesehen. Es scheint einleuchtend, einen Menschen, der über

Tinnitus klagt, sehr viel besser zu verstehen, sich in ihn hineindenken zu können, die angebotene Hilfe in Form des beschriebenen Tinnitusmanagements wirkungsvoller einzusetzen, wenn man als Therapeut selbst Betroffener ist. Statistisch ausgedrückt kann von einer ungefähr 90- bis 95-prozentigen »Compliance« (also Akzeptanz der vorgenannten Behandlungsweise durch die Patienten) ausgegangen werden und daraus folgend, wiederum nach eigener Erfahrung, von einem 85-prozentigen Erfolg (der Tinnitus wird nicht mehr oder nicht mehr als störend wahrgenommen). Hier soll nicht verschwiegen werden, dass die therapeutische Behandlung des Tinnituspatienten den Therapeuten selbst auch unter eine als zuweilen stark empfundene innere Anspannung setzt, erlebt er doch während der Zwiesprache seine eigene Geschichte exemplarisch immer wieder mit.

Positive Auswirkungen des Therapieerfolgs zeigen sich auch im privaten und zwischenmenschlichen Bereich. Vor allem das Verständnis für Schwächen anderer mit der Möglichkeit des Verzeihens rückt seither mehr als zuvor in den Vordergrund. Im erweiterten Bewusstsein der eigenen Unzulänglichkeit fällt es leichter, persönliche Bastionen und Fronten infrage zu stellen, stille Toleranz zu üben. Dies gründet nicht zuletzt auf ein verändertes Selbstverständnis, das befähigt, häufiger als früher innezuhalten, abzuwägen, die eigenen Handlungsstränge noch während ihres Ablaufs zu überprüfen. Der nunmehr zur Gewohnheit gewordene Blick nach innen ermöglicht die Entwicklung einer lebendigen Zwiesprache mit der eigenen Seele, deren subtile Beschaffenheit zuvor kaum wahrgenommen wurde. Menschen kümmern sich um alles Mögliche, sie entfernen das letzte Stäubchen vom Lack ihres Wagens, fragen nach der Bekömmlichkeit von diversen Nahrungsmitteln und sorgen sich, wie sie wohl im Alter aussehen werden, nur der aktuelle Zustand ihres Inneren, ihrer Seele, wird sträflich vernachlässigt.

Die entscheidende Erkenntnis aus der Tinnitusanalyse ist die Notwendigkeit einer grundsätzlich veränderten Einstellung sich selbst und anderen gegenüber. Die hier beschriebene und empfohlene Tinnitusbehandlung wird nicht den Anspruch haben, den Charakter eines Menschen gänzlich zu beeinflussen, gleichwohl stellt sie aber einen erfolgversprechenden Weg dar, Wesensmerkmale deutlich zu verändern, sodass Betroffene von der »selbst verschuldeten Unmündigkeit« (Kant) abrücken können, wenn der unbedingte Wille dazu vorhanden ist. Die erlebte Horizonterweiterung vermittelt nicht zuletzt Demut als eine Eigenschaft, die als besonders beglückend empfunden wird – Demut vor der überaus komplizierten Beschaffenheit des Menschen, seinem Zusammenspiel zwischen Innerem und Äußerem, der Vielfalt der individuellen Eigenschaften, deren Potenzial und der daraus folgenden Ergebnisse.

Dem an diesem nun nicht mehr nebulösen, ja, unheimlichen Symptom des Ohrgeräusches Leidenden diese Dinge zu vermitteln, ihn dazu anzuleiten, ähnliche Erkenntnisse zu gewinnen, stellt eine große Herausforderung an den behandelnden Arzt dar. Hat er den Eindruck, den Einzelnen im vorgenannten Sinne »erreicht« zu haben, hat er Sinn und Zweck seines ärztlichen Daseins für diesen komplexen Bereich erfüllt. Aus dem einst geheimnisvollen Leiden erwächst, auf sicherlich häufig steinigem und verschlungenem Weg, ein Bewusstsein zum selbstbestimmten Leben und Handeln, die Bewältigung des gesundheitlichen Problems bereichert das Ich, lässt es zu einem einheitlichen, kohärenten Ganzen werden. Vom Fluch zum Segen, eine Entwicklung, die Menschen, die über Tage, Wochen, Monate und Jahre mit Tinnitus geschlagen sind, so nicht zu erahnen und zu erhoffen gewagt haben.